Bachblütentherapie für Hunde

Bachblütentherapie für Hunde

Helfen und Heilen – sanft und natürlich

Von Michaela Stark

Copyright © 2002 by Cadmos Verlag GmbH, Brunsbek
Gestaltung: Ravenstein und Partner, Verden
Titelfoto: Christine Steimer
Druck: Westermann Druck, Zwickau
Alle Rechte vorbehalten.

Abdrucke oder Speicherung in elektronischen Medien
nur nach vorheriger schriftlicher Genehmigung durch
den Verlag.

Printed in Germany.

ISBN 3-86127-774-3

Inhalt

Vorwort 7

Handhabung des Buches 9

Lebenslauf Dr. Edward Bach 11

Was sind Bachblüten? 12

Zubereitung der Einnahmefläschchen 13

Dosierung und Therapiedauer 14

Blüten- und Charakterbeschreibungen
und die Symptome 16

    1. Agrimony 16
    2. Aspen 18
    3. Beech 20
    4. Centaury 23
    5. Cerato 27
    6. Cherry Plum 29
    7. Chestnut Bud 32
    8. Chicory 34
    9. Clematis 37
    10. Crab Apple 39
    11. Elm 42
    12. Gentian 44
    13. Gorse 46

Bachblütentherapie für Hunde

14. Heather	48
15. Holly	51
16. Honeysuckle	54
17. Hornbeam	57
18. Impatiens	59
19. Larch	61
20. Mimulus	64
21. Mustard	66
22. Oak	68
23. Olive	70
24. Pine	72
25. Red Chestnut	74
26. Rock Rose	76
27. Rock Water	79
28. Scleranthus	81
29. Star of Bethlehem	84
30. Sweet Chestnut	87
31. Vervain	89
32. Vine	92
33. Walnut	94
34. Water Violet	97
35. White Chestnut	99
36. Wild Oat	101
37. Wild Rose	104
38. Willow	106
39. Rescue	109
Quellenhinweise	111

Vorwort

Die sanfte, sich selbst regulierende Wirkung der Bachblüten:

Die Bachblüten-Essenzen wirken als nichtmaterielle, subtile Impulsgeber. Sie vermitteln Informationen einer spezifischen hohen Frequenz, welche die seelischen Selbstheilungskräfte stimulieren. Sie produzieren keine Nebenwirkungen oder Unverträglichkeiten mit anderen Therapieformen.

Tiere reagieren häufig besonders rasch auf Bachblüten. Die Impulse der Bachblüten bringen oft innerhalb kürzester Zeit eine Harmonisierung.

Tiere können allerdings anders als der Mensch nicht bewusst an ihrer seelischen Fehlhaltung mitarbeiten. Zucht- und aufzuchtbedingte Charakterfehler lassen sich daher leider nur eingeschränkt beeinflussen. In manchen Fällen geht es sogar bis zur Therapieresistenz. Ebenfalls muss vor Therapiebeginn geklärt werden, ob organische Ursachen der Grund für die Verhaltensänderungen sind.

Genauso ist zu klären, ob das heimische Umfeld der Auslöser für psychische Störungen ist.

Wenn das zutrifft, müssen erst diese Auslöser ausgeschaltet werden. Danach kann man, falls noch nötig, eine Therapie mit Bachblüten beginnen.

Bachblüten ersetzen nicht die notwendige Sozialisierung und Erziehung Ihres Hundes! Hunde spiegeln in ihrem Verhalten oft Konflikte wider, die sich in ihrer unmittelbaren Umgebung abspielen, so zum Beispiel Partnerschaftsprobleme innerhalb der Familie, Kummer oder Wut der Besitzer und Ähnliches. Diese verursachenden Faktoren müssen zuerst beseitigt oder gelöst werden.

Leider muss man in einer Tierheilpraxis immer wieder erleben, dass der Begriff „artgerechte Haltung" aus Unwissenheit oder Nachlässigkeit missachtet wird. Schäden, die daraus resultieren, können auch mit Bachblüten nicht behoben werden, wenn hier keine Änderung vorgenommen wird. Zur artgerechten Haltung gehören unter anderem solche Dinge wie

- genügend Auslauf
- Kontakte zu Artgenossen
- artgerechte Ernährung

Setzen Sie nie Bachblüten bei Ihrem Hund ein, um ihn zu sportlichen Höchstleistungen zu treiben, damit er bei der nächsten Hundesportveranstaltung für Sie einen Pokal gewinnt. Das wäre falscher Ehrgeiz! In Harmonie mit Ihnen ist der Hund zu vielem fähig, vor allem, Ihnen im Leben viel Freude zu bereiten.

Jeder Mensch und jedes Tier hat eine individuelle Belastbarkeitsgrenze, diese sollte man auch anerkennen.

Einen Hund zu besitzen bedeutet, eine Partnerschaft mit ihm einzugehen. Daher sollte man auch bereit sein, partnerschaftlich mit ihm umzugehen! Der Hund ist von unserer Zuneigung und Freundschaft abhängiger als wir von ihm.

Der Hund bleibt noch bei uns, auch wenn wir ihn nicht besonders gut behandeln – aber wir Menschen, wie lange haben wir Geduld, wenn der Hund nicht ganz unseren Vorstellungen entspricht?

Darüber sollte jeder Hundebesitzer einmal nachdenken.

Handhabung des Buches

Je genauer Sie Ihren Hund in den Blüten- und Charakterbeschreibungen wiederfinden, desto leichter wird eine Bach-Blüten-Behandlung.

Leider geschieht es zu oft, dass Besitzer von Hunden eine Bachblüten-Therapie beginnen, jedoch daran scheitern, weil zu viele Interpretationen vom Menschen auf das Tier vorgenommen werden. Einen Menschen kann man befragen, wie er sich fühlt, das ist beim Tier in der Form nicht möglich. In diesem Buch handelt es sich um Charakterbeschreibung mit direkt anschließenden Symptomen zu jeder einzelnen Blüte. Sie werden bemerken, dass sich viele Symptome in den einzelnen Bachblüten wiederholen. Als Beispiel möchte ich das Symptom „Durchfall" nennen. Das Symptom tritt unter anderem bei Aspen sowie bei Beech auf. Wenn Sie jedoch die Charakterbeschreibung beider Bachblüten genau durchlesen, werden Sie feststellen, dass diese sehr unterschiedlich sind. Somit ist die seelische Grundstimmung, die nach einiger Zeit zu körperlichen Symptomen führt, völlig unterschiedlich. Falls Sie die Bachblüten bisher nur nach körperlichen Symptomen gewählt haben und keinen Erfolg hatten, erinnern Sie sich nochmals daran, dass Krankheit meistens durch seelische Disharmonien entsteht. Die Disharmonie sollte bei der Behandlung immer im Vordergrund stehen.

Bei den Symptomen steht häufig in Klammern „Begleittherapie". Bei vielen Symptomen ist es sehr wichtig, eine genaue Abklärung der Ursache durch den Tierarzt vorzunehmen. Unruhezustände beim Hund können auch durch eine Schilddrüsendysfunktion auftreten. Begleitend kann man jedoch Bachblüten einsetzen. Verletzungen oder Schockzustände müssen tierärztlich versorgt werden. Auch Durchfall, der bereits länger andauert, braucht weitere Maßnahmen, da der Flüssigkeits- und Mineralverlust unter Kontrolle gebracht werden muss. Sollten Sie unsicher bei Ihrer Entscheidung sein, suchen Sie sich einen Tierarzt oder Tierheilpraktiker, der mit Bachblüten arbeitet, und fragen um Rat. Ich wünsche zum Wohle der Vierbeiner und ihrer Besitzer viel Erfolg bei der Therapie mit den Bachblüten.

Zu jeder Blüte ist zusätzlich eine bestimmte Farbe angegeben, bei Agrimony zum Beispiel Blau. Wenn diese Blüte bei Ihrem Tier zum Einsatz kommt, kann eine Farbbehandlung die Bachblüten-Therapie unterstützen. Sie können ganz einfach vorgehen, indem Sie beispielsweise einen blauen Schal um den Hals Ihres Tieres wickeln oder ein blaues Tuch auf seinen Liegeplatz legen.

Lebenslauf Dr. Edward Bach

24.9.1886
geboren in der Nähe von Birmingham
1902
Lehrling im väterlichen Erzgießereibetrieb
1906
Beginn des Medizinstudiums
1913
Leiter der Unfallstation
der Universitätsklinik London
1917
Tod seiner ersten Frau durch Diphtherie, Wiederheirat drei Monate später; Bach selber leidet an einem Milztumor: Lebenserwartung drei Monate
1919–1928
Entwicklung der sieben Bach-Nosoden; fand große Zustimmung in ärztlichen Kreisen
1920–1922
als Chirurg, Pathologe, Bakteriologe und Leiter des homöopathischen Krankenhauses in London tätig, parallel dazu Allgemeinarztpraxis in London
1928
42-jährig gibt Bach in London alles auf und geht als Arzt nach Wales; Umzug nach Cromer, ein Fischerdorf in Wales, die Suche nach Heilpflanzen beginnt
1930
entdeckt die ersten drei Blüten: Impatiens, Mimulus und Clematis
1931
Schriften „Heile dich selbst" und „Ihr leidet unter euch selbst" erscheinen
1932
weitere Schriften: „Befreie dich selbst" sowie „Die zwölf Heiler". Er eröffnet wieder eine Landarztpraxis
1934
Umzug nach Sotwell, Südengland; behandelt hier Patienten aus allen Teilen Englands, meistens sogar kostenlos, obwohl er selbst nicht viel besitzt
1935
Bach erleidet selbst Krankheiten mit seelischen Krisen, durch die er dann die weiteren Pflanzen findet
27.11.1936
Dr. Bach stirbt im Alter von 50 Jahren

Aus den Blüten von Bäumen, Sträuchern und Blumen entwickelte Dr. Bach 38 heilsame Essenzen. Die Blüten werden noch heute an den von Dr. Bach festgelegten Orten in freier Natur gesammelt.
Fotos: IPO und Dr. Aichele

Was sind Bachblüten?

Dr. Edward Bach entwickelte aus Blüten von Pflanzen, Sträuchern, Bäumen und einem heilkräftigen Quellwasser die heute bekannten und bewährten Bach-Blüten-Essenzen.

Die Schwingungen der Essenzen bringen Disharmonien zwischen Körper und Seele wieder in Einklang.

Negative Schwingungen im Körper stellen für den Organismus Blockaden dar, zu denen sich dann bei längerem Bestehen körperliche Symptome gesellen und Krankheiten hervorrufen.

Mit den Blüten-Essenzen werden positive Energien aktiviert, die somit das Immunsystem und die körpereigenen Abwehrkräfte stärken. Beginnt man rechtzeitig mit einer Therapie, um negative Gemütszustände aufzulösen, so kann in vielen Fällen eine Krankheit vermieden werden. Bach-Blüten werden eingesetzt, um die negativen Gemütszustände, die zu einer Krankheit führen können, oder Disharmonien, die aus einer organischen Störung (zum Beispiel nach Unfällen) herrühren, auszugleichen.

Geben Sie Bach-Blüten dem Hund möglichst direkt ins Maul.
Foto: Ulrike Schanz

Zubereitung der Einnahmefläschchen

Die Bachblüten-Konzentrate erhalten Sie rezeptfrei in allen Apotheken. Es handelt sich dabei um so genannte Stockbottles (Vorratsfläschchen). Um eine Einnahmeflasche herzustellen, benötigen Sie ein Glasfläschchen mit Pipette oder Tropfverschluss und kohlensäurefreies Wasser. Bitte kein abgekochtes Wasser verwenden, da hierin die energetischen Informationen der Bachblüten nicht gespeichert werden können. Eine zusätzliche Konservierung durch Alkohol ist bei Einnahmeflaschen bis 30 Milliliter nicht notwendig. Bei 10-Milliliter-Flaschen sollte man zwei Tropfen, bei 20-Milliliter-Flaschen vier Tropfen und bei 30-Milliliter-Flaschen sechs Tropfen Konzentrat der entsprechenden Bachblüte zu dem stillen Wasser geben. Wollen Sie eine Kombination mehrerer Blüten herstellen, nehmen Sie von jeder Blüte zwei Tropfen in das mit stillem Wasser gefüllte Einnahmefläschchen. Es sollten jedoch nicht mehr als fünf bis sechs Bachblüten gemeinsam verabreicht werden.

Eine Ausnahme stellen die Rescue-Tropfen dar. Diese werden ausschließlich bei akuten Notfällen verabreicht und dürfen unverdünnt direkt auf die Maulschleimhaut des Hundes geträufelt werden. Dazu genügen zwei Tropfen der Rescue-Mischung.

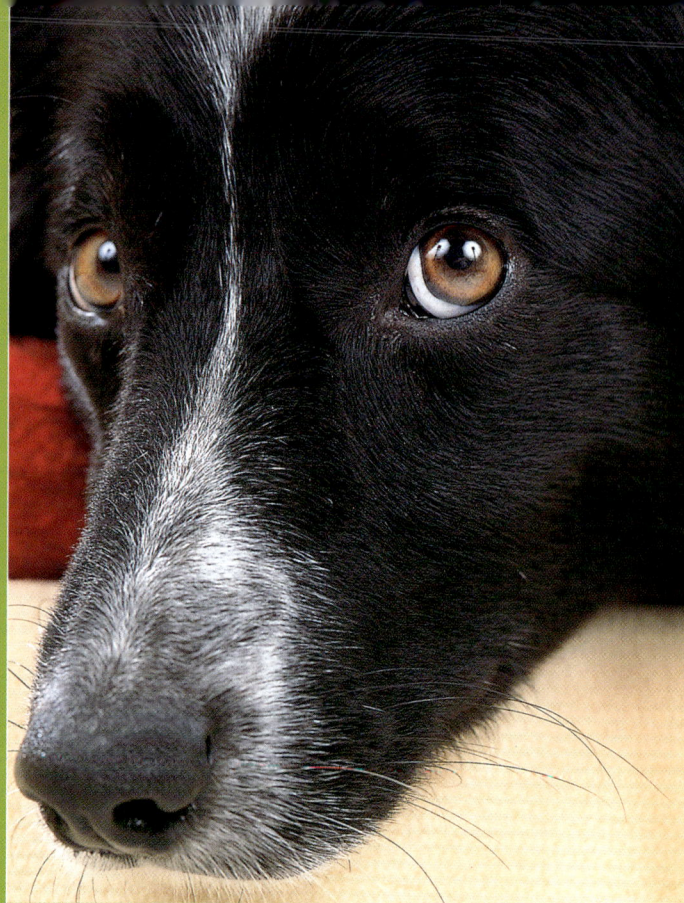

*Bach-Blüten können nie schaden – aber manchmal ist es eine Frage der Geduld und der Zeit, bis die richtige Blüte gefunden ist und wirkt.
Foto: Ulrike Schanz*

Dosierung und Therapiedauer

Die Bachblüten sollten zu Beginn der Therapie dreimal täglich verabreicht werden. Die Menge der Tropfen richtet sich nach der Größe des Hundes. Bei einem kleinen Hund nimmt man vier Tropfen, beim mittelgroßen sechs Tropfen und bei einem großen Hund acht bis zehn Tropfen. Bessert sich der Zustand des Hundes, so kann man allmählich die Dosierung zurücknehmen.

Statt dreimal täglich gibt man nun die Tropfen zweimal täglich, bei weiterer Besserung geht man auf eine einmalige Gabe zurück und schleicht sich so aus der Therapie. Sollte sich danach der Zustand des Tieres wieder verschlimmern, muss man entweder die Dosis wieder erhöhen oder neu überdenken, ob die Bachblüte oder die Mischung noch stimmt, und diese gegebenenfalls neu anpas-

Dosierung und Therapiedauer

sen. Die Bachblüten wirken genauso wie zum Beispiel homöopathische Mittel über die Schleimhäute, deshalb soll man Bachblüten nicht unter das Futter mischen, sondern mit einer Pipette oder mithilfe eines Plastiklöffels in das Maul des Hundes geben. Hunde lecken die Blüten auch gerne aus der Hand ihres Besitzers. Die Variante, Bachblüten in das Trinkwasser zu geben, halte ich nicht für sinnvoll, da der Wassernapf vom Hund meistens nicht komplett geleert wird. Ebenso ist es nicht angebracht, wenn ein zweites Tier mit im Haushalt lebt. Bei einer zusätzlichen Behandlung mit schulmedizinischen Medikamenten sollte eine zeitliche Versetzung der Eingabe der Medikamente und den Bachblüten von mindestens 15 Minuten liegen. Naturheilkundliche Medikamente stören sich in ihrer Wirkung nicht.

Die Dauer der Therapie kann man nicht verallgemeinern. Es ist von vielen Dingen abhängig, wie lange der behandelte Hund die Bachblüten benötigt. Bei schwereren Fällen sollten nach etwa vier bis fünf Wochen die ersten Anzeichen einer Veränderung des Verhaltens zu erkennen sein. Es kann sein, dass eine Therapie bei einem Hund nach sechs bis acht Wochen bereits abgeschlossen ist, während ein anderer die Blüten ein halbes Jahr oder länger benötigt. Suchen Sie sich Hilfe bei einem Therapeuten, der sich mit Bachblüten auskennt, wenn Sie unsicher sind und nicht weiterwissen.

Manchmal kommen Hundebesitzer, die gerne mit Bachblüten therapieren würden, nach einiger Zeit zu der entmutigenden Feststellung: Die Bachblüten helfen doch nicht. Hier gibt es mehrere Faktoren, die diesen Eindruck vermitteln, der so aber nicht stimmt. Unsere Hunde können uns leider nicht mit Worten, die wir verstehen, mitteilen, wie sie sich fühlen. Da muss jeder Besitzer schon selbst versuchen, sich hineinzudenken. Hat man den Hund womöglich aus zweiter oder dritter Hand oder gar gefunden, ohne seine Vorgeschichte zu kennen, so wird es umso schwieriger, die passende Blüte zu finden. Hier heißt es einfach, alles noch einmal zu überprüfen, um eine Blüte zu finden, die dem Zustand des Hundes besser entspricht. Hat der Hund bereits viele Qualen und Enttäuschungen hinter sich gebracht, ist es eine Frage der Zeit, bis die Blüten wirken. Es ist dann Geduld beim Besitzer gefragt. Dazu kommt, dass viele Hundebesitzer zwar für sich selbst oder ihre Familie mit den Bachblüten umgehen können, aber beim Hund Verhaltensweisen missdeuten, da ihnen leider die Hundesprache ziemlich unbekannt ist.

Blüten und Charakterbeschreibungen und die Symptome

1. Agrimony – Odermennig
(Agrimonia eupatoria)

Dieser Hund erscheint auf den ersten Blick immer fröhlich, gut gelaunt und gesellig. Er lässt sich sehr leicht zu Aktivitäten motivieren, trotz Krankheit oder Trauer. Seine Erziehung bereitet kaum Probleme.

Wenn man den Hund jedoch genauer beobachtet, merkt man, dass er unnatürlich und übertrieben freudig und aktiv ist. Er wirkt ruhelos. Auffällig ist sein extrem erhöhter Bewegungsdrang, selbst noch bei schweren körperlichen Krankheiten. Fühlt sich dieser Hund unbeobachtet, so knabbert er an seinen Pfoten oder starrt

Blüten – Charakter – Symptome

Agrimony ist die Ehrlichkeitsblüte – der Farbe Blau zugeordnet. Foto: Dr. Aichele

Läuft der Agrimony-Hund in einer Hundegruppe mit, wird er nie Streit anfangen. Ganz im Gegenteil – wenn zwei andere Hunde aneinander geraten, ist er zur Stelle, um den angerüffelten Hund zu lecken und zu trösten.

Disharmonien bringen ihn einfach in Bedrängnis! Kurzum: Ein untrügliches Zeichen für einen Agrimony-Hund ist und bleibt sein ausgeprägtes Harmoniebedürfnis.

Symptome
· Ablenkbarkeit
· Angst vor dem Festgehaltenwerden
· Anpassungsschwierigkeiten
· Augenausdruck: traurig, leer oder stumpf
· Bandscheibenvorfall durch innere Verkrampfung (Begleittherapie)
· Eingewöhnungsschwierigkeiten bei Besitzerwechsel
· Beknabbert Pfoten
· Braucht Abwechslung
· Empfindsamkeit

einfach vor sich hin. Spricht man den Agrimony-Hund an, dann ist er sofort wieder zu Aktivitäten bereit. Durch dieses gegensätzliche Verhalten ist es schwer zu erkennen, ob er wirklich krank ist oder nur vor sich hinträumt.

Wenn der Agrimony-Hund krank ist, kann es dem Besitzer leicht passieren, dass er die Krankheit aufgrund des Verhaltens im Schweregrad unterbewertet.

Der Agrimony-Hund möchte nur eines: Ruhe, Frieden und Harmonie!

Durch Streit oder Schreien von Kindern in der Familie gerät der Hund aus dem Gleichgewicht, er verkriecht sich meistens oder verlässt während des Streits das Zimmer. Viele Besitzer interpretieren diese Reaktion ihres Hundes als „schuldbewusst", was nicht stimmt.

Ein Agrimony-Hund möchte unbedingt in Harmonie mit seiner Umgebung sein. Foto: Ulrike Schanz

- Entgiftung, Entschlackung
- Extremer Bewegungsdrang
- Fehlende Ausdauer
- Fettsucht
- Fressstörungen
- Großes Harmoniebedürfnis
- Innere Unruhe, unruhig
- Juckreiz (Begleittherapie)
- Kontaktschwierigkeiten
- Konzentrationsschwäche
- Krampfartige Beschwerden (Begleittherapie)
- Leidet unter Stress und Streit
- Magenschleimhautentzündung (Begleittherapie)
- Muskelverspannung, -verkrampfung (Begleittherapie)
- Neigung zu Hautirritationen, Furunkeln und Abszessen (Begleittherapie)
- Nervosität
- Nicht wehleidig
- Ruhelosigkeit
- Schlafstörungen
- Selbstzerstörerisch
- Überbelastung, ist überlastet
- Überdeckt Disharmonie durch Überschwang und unnatürlich freudige Aktivität
- Überdreht
- Überforderung
- Überspielt Konflikte
- Übertrainierte Hunde, die vor lauter Training nur noch einen Fehler nach dem anderen machen
- Unausgeglichen
- Unterwürfigkeit
- Verhält sich angepasst
- Verlustängste
- Verstopfung (Begleittherapie)
- Will nicht allein sein
- Wirkt „pflegeleicht"
- Zu leicht zu motivieren, auch bei Krankheit

2. Aspen – Zitterpappel (Populus tremula)

Der Aspen-Hund ist sprichwörtlich mit einer zu dünnen Haut auf die Welt gekommen. Er reagiert übermäßig ängstlich oder schreckhaft, manchmal sogar panisch. Diese Ängste sind jedoch in den meisten Fällen ohne ersichtlichen Grund.

Ein Aspen-Hund kann ein Alphatier genauso wie ein Betatier sein. Der Unterschied liegt in der Art, wie er seine Angst zeigt. Klingelt es zum Beispiel an der Tür, erschrecken beide Typen und verkriechen sich erst einmal. Der Alphahund ist derjenige, der laut bellend wieder hervorkommt, jedoch über seinen eigenen Mut erschrickt und sich anschließend wieder mit eingezogenem

Aspen ist die Mutblüte – der Farbe Gelb zugeordnet.
Foto: Andreas Bock, Institut für Bachblütentherapie

Schwanz verkriecht. Es ist meistens der Alphahund, der sehr leicht aus seiner vagen Angst zum Angstbeißer werden kann.

Wird der Aspen-Hund für sein Verhalten auch noch ausgeschimpft oder bestraft, vergrößert sich seine Angst. Er reagiert auf jede Neuigkeit argwöhnisch, auch beim Spazierengehen. Er dreht sich beim Spaziergang häufig unsicher und ängstlich immer wieder nach hinten um, obwohl absolut nichts und niemand hinter ihm ist.

Diesen Hund an normale Dinge wie die Fahrt mit dem Auto oder dem Zug oder an Straßenverkehr und -lärm zu gewöhnen kann zu einem großen Problem werden. Ein bisschen Angst und Unsicherheit darf jeder Hund in neuen Situationen zeigen, der Aspen-Hund dagegen reagiert fast schon panisch.

Der Aspen-Hund möchte, wie jeder andere normale Hund, gerne Sozialkontakte. Geht aber ein fremder Mensch auf ihn vorsichtig zu, zieht sich der Hund aus Angst sofort zurück.

Der Aspen-Hund hat drei Möglichkeiten, um mit einem Furcht einflößenden Auslöser umzugehen: schnell weglaufen, sich verstecken oder auf den Auslöser zugehen und beißen.

Der Hund ist ängstlich bei Geräuschen, Rascheln, nahendem Gewitter (ohne Donner), Sirenen und Ähnlichem – einfach allem, was ungewohnt ist. Oftmals kann der Halter unmöglich nachvollziehen, weshalb der Hund schon wieder Angst hat. Lässt man den Aspen-Hund alleine, so jault, heult und zittert er. Aber auch alles zu zerbeißen oder zu zerkratzen, was er erreichen kann, gehört dann in sein Verhaltensprogramm.

Der Schlaf dieses Hundes ist nicht der beste, er schläft sehr unruhig und schreckt oft hoch.

Wollen Sie mit dem Aspen-Hund arbeiten, um seine Ängste abzubauen, müssen Sie hundertprozentig entspannt sein. Der Hund bemerkt sofort die kleinste Unsicherheit an Ihnen und alles wird nur noch schlimmer. Er braucht Sicherheit und Vertrauen.

Der Aspen-Hund ist ein Angsthase und immer misstrauisch.
Foto: Ulrike Schanz

Symptome
· Allgemein ängstlich wirkend
· Alpträume
· Angst, Ängste
· Angst durch fehlendes Vertrauen
· Angst in fremder Umgebung
· Angst vor Strafe
· Angstbeißer

- ▶ · Autofahrkrankheit
- · Bellt, jault und wimmert vor Angst
- · Blasenschwäche (Begleittherapie)
- · Chronische Darmerkrankungen (Begleittherapie)
- · Durchfall (Begleittherapie)
- · Emotionale Spannungen
- · Empfindlich
- · Erbrechen beim Autofahren
- · Erste Hilfe bei Panik
- · Erwartungsangst
- · Furchtsam
- · Gehetzter Blick
- · Hektisch durch Angst
- · Kontaktscheu
- · Krämpfe durch Angst (Begleittherapie)
- · Lärmphobie
- · Magenschleimhautentzündung (Begleittherapie)
- · Nach überstandener Misshandlung
- · Nervöse Herz-Kreislauf-Erkrankungen
- · (Begleittherapie)
- · Nervöses Erbrechen
- · Nervosität, ist nervös
- · Panik
- · Reisekrankheit
- · Schlafstörungen
- · Schmerzempfindlich
- · Schmiegt sich ängstlich an Besitzer
- · Schreckhaftigkeit
- · Sensibilität, ist sensibel
- · Submissiv
- · Unbegründete und unbestimmte Ängste
- · Verängstigt
- · Wetterfühligkeit
- · Will nicht alleine sein
- · Winselt oder knurrt ängstlich im Schlaf
- · Wurde gequält
- · Zerstört Gegenstände beim Alleinsein
- · Zittert

*Beech ist die Verständnisblüte – der Farbe Grün zugeordnet.
Foto: Dr. Aichele*

3. Beech – Rotbuche
(Fagus sylvatica)

Der Beech-Hund ist ziemlich intolerant. Er lehnt seine Artgenossen fast grundsätzlich ab. Sie gelten für ihn als Feinde und werden ohne Vorwarnung angegriffen.

Wird in Anwesenheit von zwei Hunden ein Stöckchen geworfen, so laufen beide diesem mit Begeisterung hinterher. Der Beech-Hund gibt allerdings seinem Kontrahenten deutlich zu verstehen, dass dieser genügend Abstand halten muss und keinen Versuch wagen darf, das Stöckchen wirklich zu ergreifen. Versucht er es dennoch, folgt vom Beech-Hund sofort ein kurzer, kräftiger Rüffler oder ein schneller Biss. Innerartlich strahlt der Beech-Hund so viel Dominanz aus, dass ihm Artgenossen meistens aus dem Weg gehen.

Oft kann man feststellen, dass solche Hunde bereits mehrere Besitzer hatten. Der Hund versuchte sich immer wieder anzupassen, wurde aber zwischenzeitlich, aus welchen Gründen auch immer, an den Nächsten weitergegeben. So ein Hund ist aufgrund seiner negativen Erfahrungen kaum noch bereit, freundlich zu sein. Er entwickelt eine trotzige Distanz.

Dieser Hundecharakter ist von Grund auf sehr selbstbewusst. Ein ängstliches und sensibles Tier entwickelt durch schlechte Erfahrungen kein Beech-Bild.

Die Protestaktionen eines Beech-Hundes äußern sich in Beißen, Kratzen, Unsauberkeit oder Fellausbeißen bei sich selbst, wenn ihm etwas nicht passt.

Auch Menschen sind vom Beech-Hund durchaus gefährdet. Der Hund stellt Anweisungen seitens seines Besitzers infrage. Passt ihm etwas

Ein Beech-Rüde reagiert auf andere Rüden und manchmal auch auf Zurechtweisung durch seinen Halter aggressiv.
Foto: Christine Steimer

nicht in den Kram, so kann er schnell aus Protest schnappen oder beißen, wenn der Besitzer auf die Ausführung des Befehls oder der Aktion besteht.

Der Beech-Hund führt auch innerhalb der Familie Machtkämpfe mit seinen Menschen um die Alphaposition. Er lässt sich nicht mit extremer Strenge erziehen. Der Hund braucht mehr als jeder andere ruhige Konsequenz und Gerechtigkeit in seiner Erziehung.

Stimmungsschwankungen, Ungeduld oder Wut lassen den Hund noch mehr am Menschen zweifeln, somit versucht er erst recht, die Führung in der Familie zu übernehmen. Wichtig ist, dass der Hund erkennt, dass Ihr Wille stärker ist als seiner, Sie dürfen keine Schwächen zeigen.

Spürt der Hund Angst an Ihnen, brauchen Sie mit einer Erziehung erst gar nicht anzufangen. Der Hund wird Sie nicht ernst nehmen und nicht folgen.

Auch Junghunde in der Pubertätsphase zeigen hin und wieder das Bild eines Beech-Hundes. Wird die begonnene Erziehung jedoch konsequent weiterverfolgt, legt sich dieser Zustand rasch.

Symptome
· Ablehnung
· Aggressionen
· Allergien (Begleittherapie)
· Allergische Hautkrankheiten (Begleittherapie)
· Angriffslustig
· Anpassungsschwierigkeiten an Mensch und Tier
· Arthrosen (Begleittherapie)
· Aufsässig
· Autoimmunerkrankungen durch Intoleranz
· Dickköpfig
· Dominanz, ist dominant
· Dominanzstreben
· Durchfall (Begleittherapie)
· Eigensinnig
· Einzelgänger
· Erbrechen (Begleittherapie)
· Fellbeißen (Ersatzhandlung)
· Futtermittelunverträglichkeit
· Gelenkerkrankungen (Begleittherapie)
· Greift bei Zurechtweisung sofort an
· Greift Welpen an
· Hautprobleme (Begleittherapie)
· Immunschwäche
· Innerliche Anspannung
· Instinktverlust durch Überzüchtung
· Intoleranz
· Ist kampfbereit
· Kontaktschwierigkeiten mit Artgenossen
· Kreislaufstörungen (Begleittherapie)
· Lehnt Artgenossen ab
· Magen-Darm-Störungen (Begleittherapie)
· Markierverhalten in der Wohnung
· Protestpinkeln
· Reizbar durch Widerspruch
· Schmerzempfindlich
· Selbstzerstörerisch
· Spielt nicht mit Artgenossen
· Streitsucht
· Stubenunreinheit, Unsauberkeit
· Sturheit, ist störrisch
· Tyrann, ist tyrannisch
· Übertriebener Schutztrieb
· Übertriebenes Selbstbewusstsein
· Unausgeglichen
· Unverträglich
· Verstopfung (Begleittherapie)
· Wehrt sich gegen Fellpflege aus Dominanz

Blüten – Charakter – Symptome

Centaury ist die Willensstärkeblüte – der Farbe Blau zugeordnet. Foto: Andreas Bock, Institut für Bachblütentherapie

4. Centaury – Tausendgüldenkraut (Centaurium umbellatum)

Der Centaury-Hund ist eigentlich ein loyaler Freund. Er besitzt ein angenehmes Wesen, lernt gut und willig, lehnt sich selten oder gar nicht auf. Jedoch kann der Hund in keinster Weise für sich selbst sorgen. Er ist willensschwach und extrem gutmütig, sodass er sich sehr leicht überfordern lässt. Der Hund zeigt keine Grenzen seiner Belastbarkeit.

Von seinen Artgenossen wird er unterdrückt und lässt sich alles gefallen. Wird er von Artgenossen angegriffen, unterwirft er sich sofort. Kontaktaufnahme zu seinen Artgenossen fällt dem Centaury-Hund sehr schwer. Meistens dreht er

Ein Centaury-Hund scheint robust und „gut einzustecken", aber er leidet. Foto: Christine Steimer

auf halbem Weg zu ihnen wieder um und schaut dem Treiben nur aus der Ferne zu. Lebt ein zweiter Artgenosse mit im gleichen Haushalt, bemerkt man, dass sich der Centaury-Hund vom Futter verdrängen lässt. Er zeigt häufig eine unterwürfige Haltung.

Der Centaury-Hund hat keinen eigenen Willen, was dazu führt, dass dieser Hund sich nicht nur gebrauchen, sondern auch missbrauchen lässt.

In Familien mit kleineren Kindern kann er sehr leiden, wenn diese ihn ärgern. Er lässt sich auch von Kindern alles gefallen, wie zum Beispiel Rasseln an den Schwanz binden und Ähnliches. Dadurch kann bei dem Hund sehr schnell körperlicher wie seelischer Schaden angerichtet werden.

Der Centaury-Zustand tritt manchmal kurzfristig nach einer längeren Krankheit oder bei längerem Lahmen auf, da in solchen Situationen das Tier sein Selbstbewusstsein verlieren kann. Auch durch einschneidende Veränderungen in seiner gewohnten Lebenssituation, wie zum Beispiel eine neue Familie, kann das Centaury-Bild ausgelöst werden.

Hüten Sie sich davor, diesen Hund bei Unsicherheit oder unterwürfiger Körperhaltung (zum Beispiel beim Tierarztbesuch) zu bedauern oder zu verhätscheln. Sie verschlimmern damit seine Situation.

Der Centaury-Hund braucht keine harten Worte bei seiner Erziehung, aber verständnisvolles und deutliches Anweisen seiner Stellung im Rudel. Dadurch kräftigen Sie sein Selbstvertrauen.

Ermutigen Sie ihn immer wieder, selbst angefangene Aktionen auch auszuführen. Durch das schwache Selbstvertrauen des Centaury-Hundes ist er sehr anfällig für Krankheiten aller Art.

Mit etwas mehr Selbstvertrauen wird aus ihm ein phantastischer und problemloser Familienhund!

Symptome
- Abhängig vom Besitzer
- Abwehrschwäche
- Atemwegserkrankungen (Begleittherapie)
- Beschleunigt Genesung
- Besitzerwechsel wird nicht verkraftet
- Blasenentzündungen (Begleittherapie)
- Braucht Anerkennung
- Chronische Krankheiten (Begleittherapie)
- Chronischer Husten (Begleittherapie)
- Empfindlich gegen Kritik, zieht sich zurück
- Empfindlich gegen Lärm, Licht und Temperatur
- Erschöpfungszustände
- Fresssucht (Ersatzhandlung)
- Furunkel (Begleittherapie)
- Häufige Neigung zu Infektionskrankheiten
- Häufiger Parasitenbefall, da Organismus durch Überforderung geschwächt (auch psychisch)
- Ist fixiert auf Besitzer
- Ist sensibel
- Kein Eigenwille
- Kein Selbstbewusstsein
- Keine Durchsetzungskraft
- Konzentrationsschwäche durch Überforderung
- Kraftlos
- Krankheitsanfällig
- Labilität, ist labil
- Lässt sich alles gefallen, willensschwach
- Lässt sich Quälereien gefallen
- Mangelndes Selbstvertrauen
- Meidet Auseinandersetzungen
- Nachgiebig
- Neigung zu Rückfällen bei Krankheit
- Neigung zu Verletzungen durch Überforderung
- Rekonvaleszenz
- Schwäche bei lange bestehenden Krankheiten
- Spielt aus Unsicherheit nicht mit Artgenossen
- Stoffwechselstörungen (abklären lassen, Begleittherapie)
- Trennungsangst
- Unsicherheit
- Unterdrückt Aggressionen
- Unterwirft sich bei Angriff von Artgenossen sofort
- Unterwürfigkeit
- Verstopfung (Begleittherapie)
- Von Geburt an schwächlich
- Wehrt sich nicht
- Willensschwäche
- Wird von anderen beherrscht
- Wirkt schwächlich
- Zieht sich zurück

Cerato ist die Selbstvertrauensblüte – der Farbe Rot zugeordnet. Foto: IPO

5. Cerato – Bleiwurz
(Ceratostigma willmottiana)

Das Cerato-Bild ist schwer vom Centaury-Bild zu trennen. Diese zwei haben sehr viel Gemeinsamkeiten. Häufig entwickelt sich Centaury nach Cerato.

Der Cerato-Hund ist unsicher im Umgang mit Artgenossen und Menschen. Er imitiert das Verhalten anderer Hunde und ordnet sich ihnen unter. Er ist ein typischer Mitläufer, der keine Eigeninitiative entwickelt.

Laufen andere Hunde einem Störenfried oder Hasen hinterher, rennt der Cerato-Hund einfach hinterher, um als Erster wieder stehen zu bleiben, da er gar nicht weiß, weshalb die anderen rennen. Bellen Artgenossen etwas an, bellt der Cerato-Hund aus der Entfernung mit, ohne zu wissen, warum. Ansonsten legt er keinen besonderen Wert auf Kontakt zu Artgenossen. Er verzieht sich lieber wieder zu seinem Besitzer, wenn ein anderer Hund kommt. Hier entsteht bei Hundebesitzern leicht der Eindruck: „Mein Hund hat Angst vor anderen oder größeren Hunden", und schon geht der Besitzer genauso wie sein Hund eventuellen Problemen aus dem Weg.

Im Umgang mit seinen Menschen ist er problemlos. Der Cerato-Hund will gefallen, er sucht Anerkennung, selbst bei fremden Personen. Er gehorcht jedem, der ihm einen Befehl gibt, und geht auch bereitwillig mit Fremden mit.

Der Cerato-Hund wirkt dumm, er ist es aber nicht. Dieser Zustand entwickelt sich durch einen deutlichen Mangel an Selbstbewusstsein und Sicherheit. Der Augenausdruck des Hundes zeigt die Unsicherheit richtig an. Oft liegt dies an einer schlechten Sozialisation des Welpen oder zu frühem Wegnehmen von der Mutter und den Geschwistern. Somit kann der kleine Welpe die innerartliche Kommunikation nicht vernünftig lernen und versteht künftig die Signale seiner Artgenossen nicht.

Der Cerato-Hund bettelt förmlich um Anerkennung und Aufmerksamkeit. Er ist sofort zur Stelle, sobald sich sein Besitzer bewegt. Mit Lecken und Schwanzwedeln versucht er ständig zu erkunden, ob sein Besitzer ihn noch liebt. Der

Ein Cerato-Hund will immer gefallen und bettelt um Aufmerksamkeit. Foto: Christine Steimer

Cerato-Hund braucht bei seiner Erziehung sehr viel positive Bestätigung und Ermunterung. Mit einer starken positiven Einstellung seitens des Besitzers wird es gelingen, das Selbstwertgefühl und die Sicherheit des Hundes zu stärken. Seine Erziehung wird dann ein Kinderspiel.

Symptome
- Ahmt Artgenossen nach
- Akute Bauchspeicheldrüsenbeschwerden (Begleittherapie)
- Allergien (Begleittherapie)
- Allgemeine Ängstlichkeit
- Angst bei Zurückweisung
- Angst vor dem Alleinsein
- Ängstlichkeit im Umgang mit Artgenossen
- Augenausdruck: unsicher, hilflos
- Bei Stress, Unruhe
- Bei Umzug
- Braucht Anerkennung
- Deckakt – nimmt trotz körperlicher Gesundheit nicht auf
- Desinteressiert an Kontakten zu Artgenossen
- Entwicklungsstörungen
- Extreme Abhängigkeit vom Besitzer
- Fehlende Selbstsicherheit
- Fehlendes Selbstbewusstsein
- Fehlendes Selbstvertrauen
- Fehlendes Zutrauen
- Fellprobleme (Begleittherapie)
- Fettsucht (Begleittherapie)
- Frühzeitige Altersbeschwerden
- Fühlt sich unterlegen
- Gehorcht jedem durch fehlendes Selbstvertrauen
- Gelenkschwäche (Begleittherapie)
- Heimweh bei Urlaub des Besitzers
- Herzerkrankungen (Begleittherapie)
- Hundemutter säugt ihre Welpen zu wenig
- Juckreiz (Begleittherapie)
- Kein eigener Wille
- Knochenprobleme (Begleittherapie)
- Kontaktschwierigkeiten durch mangelndes Selbstvertrauen
- Konzentrationsschwäche
- Lässt sich leicht beeinflussen
- Macht nichts ohne Kommandos oder Erlaubnis
- Mangelnde Sozialisation
- Markierverhalten in der Wohnung durch Veränderung in Familie (neuer Partner, Baby, Scheidung oder Ähnliches)
- Misstrauen, ist misstrauisch
- Natürliche Instinkte fehlen durch schlechte Sozialisation
- Ordnet sich immer unter
- Ruhelosigkeit, ist ruhelos
- Stressanfällig
- Sucht Schutz bei Bezugsperson
- Sucht ständig Körperkontakt
- Übergewicht (Begleittherapie)
- Übergroße Anhänglichkeit
- Unentschlossenheit
- Unselbstständig
- Unsicher im Umgang mit Artgenossen
- Unsicherheit
- Unterwürfig
- Verteidigt sich nicht
- Wechselhafte Stimmung
- Zeigt kaum spontane Reaktionen
- Zerstörungswut
- Zu folgsam
- Zu ruhig

Blüten – Charakter – Symptome

Cherry Plum ist die Gelassenheitsblüte – der Farbe Gelb zugeordnet. Foto: Dr. Aichele

6. Cherry Plum – Kirschblüte (Prunus cerasifera)

Der Cherry-Plum-Hund ist im Anfangsstadium etwas schwieriger zu erkennen. Der Hund lebt unter ständiger Hochspannung, er kann sich nicht normal entspannen.

Die Spannung entlädt sich dann plötzlich. Sein Benehmen wirkt hysterisch.

Der Cherry-Plum-Hund ist ängstlich bis hysterisch, neigt zu Überreaktionen und kann häufig zum Angstbeißer werden. Er greift auch seine gleichgeschlechtlichen Artgenossen an.

Meistens hängt dies jedoch zusätzlich mit einer Hormonstörung zusammen.

Gewitter oder Feuerwerk sind für ihn etwas Bedrohliches. Er verkriecht sich zitternd. Versucht man ihm zu helfen und kommt ihm zu nahe, kann er in seiner Angst beißen.

Ein ziemlich deutlicher Hinweis auf einen Cherry-Plum-Hund ist die permanente Unruhe und starkes Hecheln. Auch bei extremen Unruhezuständen des Hundes werden Sie wenig erreichen, wenn Sie ihn beruhigen wollen. Im Gegenteil – die entgegengesetzte Reaktion kann eintreten, der

Bei Gewitter gerät ein Cherry-Plum-Hund leicht in Panik. Foto: Christine Steimer

Hund wird noch unruhiger und greift ohne Vorwarnung an.

Auch zeigen die Augen an, ob Sie es mit einem Cherry-Plum-Hund zu tun haben. Die Augen sind weit geöffnet und erscheinen starr, sie zeigen einen verzögerten Pupillenreflex. Die Körperhaltung und Mimik des Hundes wirkt jedoch noch ruhig, kurz bevor er ausrastet.

Es kommt bei diesem Hund durch die innere Spannung oft zu Krämpfen der Eingeweide oder zu Blasenkrämpfen.

Wenn der Hund ausrastet, ist er nicht mehr ansprechbar und wird zu einer Gefahr für andere sowie für seine Bezugsperson. Der Cherry-Plum-Hund ist nicht geeignet, um ihn mit Kindern allein zu lassen.

Für den Besitzer ist es wichtig, in dieser Situation ruhig und überlegen zu bleiben. Je größer der Hund, desto gefährlicher ist dieser Zustand!

Um dem Cherry-Plum-Hund auf Dauer helfen zu können, ist es wichtig, den Auslöser für seine Spannungen zu finden.

Blüten – Charakter – Symptome

Symptome

- Aggressionen als überschießende Reaktionen
- Aggressiv gegen Artgenossen, auch gleichgeschlechtlich
- Allergien (Begleittherapie)
- Alpträume
- Anfallsartige Schmerzen (Begleittherapie)
- Angst nach heftigem Schreck
- Angst, ängstlich
- Angstbeißer
- Anpassungsschwierigkeiten
- Asthma (Begleittherapie)
- Aufgestaute Energien
- Augenausdruck: wie in Panik aufgerissen
- Bauchspeicheldrüsenerkrankungen (Begleittherapie)
- Beißt Welpen (Instinktverlust)
- Beißt, überschießende Reaktion
- Dreht durch, nicht mehr ansprechbar
- Durchfall (Begleittherapie)
- Erbrechen aus Angst, Panik
- Fehlende innere Ruhe
- Fresssucht (Ersatzhandlung)
- Fürchtet sich vor bestimmten Dingen
- Gereizt, reizbar
- Gewalttätige Impulse
- Greift ohne Vorwarnung an
- Hauterkrankungen (Begleittherapie)
- Hohes Fieber (Begleittherapie)
- Innere Verkrampfung durch Schreck
- Ist angespannt
- Juckreiz, ständiges Kratzen (abklären lassen, Begleittherapie)
- Knurrt nachts ständig im Schlaf, grundlos
- Kolik (Begleittherapie)
- Kontaktschwierigkeiten
- Krämpfe (Begleittherapie)
- Kratzt sich ständig, durch Stress
- Leckekzem durch übertriebenes Putzen (Begleittherapie)
- Magen-Darm-Erkrankungen (Begleittherapie)
- Muskelverspannungen (Begleittherapie)
- Nach Unfall oder Krampf (Begleittherapie)
- Neigung zu Krämpfen
- Nervosität, ist nervös
- Niedrige Reizschwelle
- Nierenerkrankungen (Begleittherapie)
- Pfotenknabbern, -belecken
- Plötzliche Temperamentsausbrüche
- Protestpinkeln
- Schilddrüsenüberfunktion (Begleittherapie)
- Schreckhaft bei Geräuschen
- Schwaches Durchhaltevermögen
- Starke Eingeweidekrämpfe, eventuell mit Verstopfung (Begleittherapie)
- Starkes Hecheln
- Starrer Blick
- Stubenunreinheit
- Sucht Nähe des Besitzers
- Überängstlichkeit
- Übersteigerter Schutztrieb
- Übersteigerter Sexualtrieb
- Übertriebene Körperpflege
- Unausgeglichen
- Unbeherrscht
- Unruhe, ist unruhig
- Verletzungen, damit Verband nicht abgerissen wird
- Verletzungen: verhindert überschießende Schmerzschübe (Begleittherapie)
- Verstopfung (Begleittherapie)
- Während eines epileptischen Anfalls (Begleittherapie)
- Zittert bei Anspannung
- Zur Unterstützung bei hormoneller Umstellung nach Kastration

Chestnut Bud ist die Lernblüte – der Farbe Türkis zugeordnet.
Foto: Dr. Aichele

7. Chestnut Bud – Knospe der Rosskastanie (Aesculus hippocastanum)

Der Chestnut-Bud-Hund fällt durch seine Ungelehrigkeit auf. Er macht immer wieder dieselben Fehler während der Ausbildung bei der gleichen Übung.

Daheim ist es nicht besser. Es ist der Chestnut-Bud-Hund, der trotz mehrmaligem Verbot immer wieder „versehentlich" Schuhe zerknabbert oder auf das Sofa springt. Manche Besitzer verzweifeln fast dabei und behaupten, ihr Hund lernt einfach nichts und ist zu „dumm".

Keineswegs – er ist im Gegenteil an allem interessiert, wissbegierig und immer für neue Dinge offen. Er macht den Eindruck eines ewigen Welpen. Dieser Hund ist mit vielen Talenten ausgestattet, er schafft es bloß nicht, sich auf etwas zu konzentrieren. Dieses Verhalten findet man recht oft bei Junghunden. Stubenreinheit ist bei ihnen ein größeres Problem.

Der Welpe und Junghund ist häufig unkonzentriert. Er muss so viele Dinge gleichzeitig lernen, dabei interessiert ihn etwas anderes, wie beispielsweise ein vorüberfliegender Schmetterling oder ein Geräusch im Haus, schon wieder viel mehr als das, was Sie ihm gerade beibringen wollen.

Das schlechte Lernvermögen hat jedoch nichts mit Absicht oder Bosheit zu tun. Hier kann Chestnut Bud zum wahren Segen werden. Wird der Hund für seine Fehler zum wiederholten Male gerügt, neigt er zu Unterwürfigkeit und Unsauberkeit. Bei der Erziehung dieses Hundes müssen Sie eine Spur schneller sein als er. Sie sollten ihn genau beobachten und falsche Aktionen im Ansatz unterbinden. Genauso wichtig ist es, dass Sie für Ihren Hund interessanter werden als seine Umgebung, da er sich sehr leicht durch andere Reize ablenken lässt. Hier kann man bei der Erziehung viel über das Spiel erreichen.

Blüten - Charakter - Symptome 33

Typisch für einen Chestnut-Bud-Hund: Er scheint nicht lernen zu können oder zu wollen. Foto: Christine Steimer

Symptome
· Ablenkbarkeit
· Allergischer Schnupfen (Begleittherapie)
· Angst vor Veränderungen
· Antriebslos
· Asthma (Begleittherapie)
· Beim Training, um Erlerntes zu festigen
· Chronische Krankheiten, neigt zu Rückfällen (Begleittherapie)
· Deckakt, stellt sich ungeschickt an
· Durchfall im Wechsel mit Verstopfung (Begleittherapie)
· Eingefahrene Verhaltensmuster
· Epilepsie (Begleittherapie)
· Erleidet stets die gleichen Unfälle
· Fehlende Ausdauer
· Hautpilze (Begleittherapie)
· Infektionskrankheiten (Begleittherapie)
· Kann Erfahrungen nicht verarbeiten
· Kann nicht allein sein

Chestnut Bud

- ▶ · Konzentrationsschwäche
- · Krämpfe, periodisch auftretend (Begleittherapie)
- · Kreislaufstörungen (Begleittherapie)
- · Langsame Auffassungsgabe
- · Leicht ablenkbar
- · Lernblockaden, Lernschwierigkeiten
- · Lernen fällt schwer
- · Macht immer dieselben Fehler
- · Magen-Darm-Erkrankungen (Begleittherapie)
- · Magenschleimhautentzündung (Begleittherapie)
- · Mangelnde Aufmerksamkeit
- · Muskeldegeneration, -schwund (Begleittherapie)
- · Muskelzucken
- · Neigt immer zu derselben Verletzung
- · Nimmt Hör- und Sichtzeichen nicht wahr
- · Periodizität der Erkrankungen (Begleittherapie)
- · Phlegmatisch
- · Rezidivneigung
- · Rheuma, schmerzhafte Anfälle (Begleittherapie)
- · Rückfall in alte Gewohnheiten
- · Ruhelos
- · Schlechte Angewohnheiten
- · Schmerzen – akute Anfälle (Begleittherapie)
- · Schnell überfordert
- · Übelkeit, Erbrechen beim Autofahren
- · Ungeduldig
- · Ungelehrigkeit
- · Unkonzentriertheit, ist unkonzentriert
- · Unsauberkeit
- · Unselbstständig
- · Vergesslichkeit, vergisst das Gelernte
- · Verzögerte Entwicklung
- · Vom Besitzer abhängig
- · Wenig Interesse
- · Wiederkehrende Erkrankungen, die allen Behandlungen trotzen, wie Epilepsie (Begleittherapie)
- · Wirkt unbeholfen
- · Zu wenig Durchhaltevermögen

8. Chicory – Wegwarte (Cichorium intybus)

Der Chicory-Hund möchte ständig im Mittelpunkt stehen. Um Zuwendung und Anerkennung zu bekommen, verhält er sich aufdringlich und fordernd. Nützt dies immer noch nichts, entwickelt er Untugenden wie Kläffen, Kratzen oder er betreibt die reinste Selbstzerstörung durch extremes Beknabbern seiner Pfoten.

Muss der Chicory-Hund alleine bleiben, fängt er an zu jammern, bellen und an Möbeln und Türen zu kratzen. Kurzum, er beginnt die Wohnung zu zerstören. Protestpinkeln gehört ebenfalls in sein Repertoire.

*Chicory ist die Fürsorgeblüte – der Farbe Grün zugeordnet.
Foto: IPO*

Blüten – Charakter – Symptome

Bei Krankheit ist der Chicory-Hund extrem wehleidig und neigt zur Übertreibung seiner Beschwerden. Nach Verletzungen an einer Pfote, die bandagiert war, jedoch bereits ausgeheilt ist, kann man häufig das schauspielerische Talent des Hundes feststellen. Er läuft, wenn er allein ist, völlig normal. Sobald jedoch der Besitzer hinschaut, beginnt der Hund sofort mit erneutem Hinken. Dass es sich um Simulieren handelt, bemerkt der Besitzer oft erst dann, wenn der Hund versehentlich immer wieder mit einer anderen Pfote humpelt.

Der Chicory-Hund ist äußerst besitzergreifend. Leben zwei Hunde in einer Familie, wird der Chicory-Hund selten bereit sein, ein Spielzeug mit seinem Artgenossen zu teilen und gemeinsam mit ihm spielen. Gilt die Aufmerksamkeit seines Besitzers dem anderen Hund, so beginnt der Chicory-Hund alle Register zu ziehen, um Aufmerksamkeit zu bekommen. Er bellt, knurrt oder springt wild umher. Er setzt sich geradezu in Szene.

Der Chicory-Hund ist aber auch überbesorgt um sein Rudel bemüht. Dies kann gerade bei einem Rüden zu einem völlig übersteigerten Schutztrieb werden. Dadurch kann der Hund durchaus zur Gefahr für seine Umwelt geraten, besonders wenn er auch noch groß ist.

Eine Chicory-Hündin, die gerade Welpen hat, entwickelt zu ihnen eine sehr enge Beziehung. Sie bewacht ihre Welpen rund um die Uhr, pflegt, putzt und beschützt sie. Will man sich den Welpen nähern, knurrt sie heftig. Sie lässt in manchen Fällen nicht einmal den Besitzer und seine Familie, die sie ja kennt, an ihre Welpen heran.

Mit Chicory bekommt man wieder ein warmherziges, liebevoll sorgendes und ausgeglichenes Tier.

Ein Chicory-Hund kann selten genug Aufmerksamkeit bekommen.
Foto: Ulrike Schanz

Symptome
- Abhängig vom Besitzer
- Abwehrschwäche
- Alles muss nach seinem Kopf gehen
- Anhänglich
- Anschmiegsam

- Atemwegserkrankungen (Begleittherapie)
- Aufdringlich
- Aufdringlich, lästig, um Beachtung zu finden
- Bauchspeicheldrüsenerkrankungen (Begleittherapie)
- Beknabbert Pfoten, kratzt sich ständig (Ersatzhandlung)
- Beleidigt
- Beleidigt, wenn er nicht beachtet wird
- Bellt oft und laut
- Bemuttert übertrieben und eifersüchtig
- Besitzergreifend
- Braucht ständig Anerkennung, Lob
- Bronchitis (Begleittherapie)
- Chronische Lungenerkrankungen (Begleittherapie)
- Chronische Magen-Darm-Beschwerden (Begleittherapie)
- Degenerative Gelenkerkrankungen (Begleittherapie)
- Dominiert andere
- Eifersucht
- Entwicklungsstörungen
- Extreme Bindung an Besitzer
- Forderndes Verhalten, zum Beispiel Scharren, um beachtet zu werden
- Fordert uneingeschränkte Beachtung
- Fordert Zuwendung
- Fresssucht (Ersatzhandlung)
- Fühlt sich schnell übergangen
- Führt Übungen nur gegen Belohnung aus
- Gelenkerkrankungen (Begleittherapie)
- Hautpilze (Begleittherapie)
- Herrschsüchtig
- Hysterie, ist hysterisch
- Ist zerstörerisch, um Beachtung zu erlangen
- Kann nicht alleine sein
- Kein Einfühlungsvermögen
- Kläfft viel
- Kratzt an Möbeln, Türen und anderem
- Launenhaft
- Leckekzem durch übertriebenes Putzen
- Magenerkrankungen (Zusatztherapie)
- Misstrauisch
- Nachtragend
- Neigung zu Asthma (Begleittherapie)
- Nervöse Erregung
- Protestpinkeln
- Protestreaktionen wie Bellen, Zwischendrängen und Zerstörungswut
- Scheinträchtigkeit, sammelt Stofftiere als Welpenersatz
- Steht gern im Mittelpunkt
- Steife Bewegungen, steife Gelenke
- Stoffwechselstörungen (Begleittherapie)
- Stubenunreinheit
- Sucht Körperkontakt
- Täuscht Krankheiten vor
- Teilt nicht mit anderen
- Übersteigerter Schutztrieb
- Übertreibt Krankheiten
- Übertriebene Fürsorge gegenüber Welpen
- Unverträglich mit Artgenossen
- Verlustängste
- Verstopfung (Begleittherapie)
- Verteidigt sich nicht
- Wehleidig bei Krankheit
- Will immer spielen
- Will ständig gestreichelt werden
- Zerstörungswut
- Zur Entgiftung, Entschlackung (Begleittherapie)

Blüten – Charakter – Symptome 37

Clematis ist die Realitätsblüte – der Farbe Gelb zugeordnet.
Foto: Dr. Aichele

9. Clematis – Weiße Waldrebe (Clematis vitalba)

Der Clematis-Hund wirkt abwesend. Wenn man ihn anspricht, scheint er aus einer ganz anderen Welt zu kommen. Er schläft viel und ist ein richtiger Träumer. Der Clematis-Hund liegt zufrieden auf seinem Platz mit dem Kopf auf seinen Pfoten und schaut verträumt vor sich hin. Er benötigt wenig Aufmerksamkeit. Dieser Hund gibt einem das Gefühl, als sei er an allem, was um ihn herum geschieht, nicht interessiert.

Manchmal sitzt er nur da und starrt lange Zeit irgendwo hin. Ihm in diesem träumerischen Zustand einen Befehl geben oder ihn zu rufen hat wenig Sinn – er hört es gar nicht.

Ein Clematis-Hund hat scheinbar an nichts Interesse – nicht mal am Futter. Foto: Christine Steimer

Sollten Sie als Besitzer eines Clematis-Hundes vergessen, Ihren Hund zu füttern, nimmt er es anstandslos hin. Er fordert sein Futter nicht ein. Der Clematis-Hund ist ohnehin ein schlechter Fresser.

Bei der Erziehung gibt keine großen Probleme, es kann nur ab und zu geschehen, dass er überhört, was Sie gerade zu ihm gesagt haben. Die Reaktionen des Hundes sind sehr träge, er bewegt sich langsam und macht einen unaufmerksamen und unkonzentrierten Eindruck.

Glauben Sie aber nicht, der Clematis-Hund sei nur träge und apathisch – wenn ihn wirklich etwas fasziniert, zum Beispiel ein vorbeispringendes Reh, kann der Hund fanatisch die Suche danach aufnehmen.

Alles Rufen und Pfeifen nach dem Hund ist auch hier wieder zwecklos, er vergisst in diesem Moment den Rest der Welt.

Der Clematis-Hund ist nicht völlig teilnahmslos, es ist nur sehr schwierig, sein Interesse zu wecken.

Eine Überprüfung der Haltungsbedingungen ist dabei angebracht. Lebt der Hund in einer zu reizarmen oder zu reizvollen Umgebung, kann er dadurch in eine Art Lethargie fallen. Genauso kann der Zustand aus mehrfachem Besitzerwechsel resultieren, noch dazu, wenn der Hund vorher misshandelt wurde.

Kontakte zu Artgenossen sucht der Clematis-Hund nicht.

Symptome
- Abwehrschwäche
- Anfällig für Infektionskrankheiten
- Anfällig für Parasiten
- Antriebsschwäche
- Apathie (Begleittherapie)
- Bakterielle Erkrankungen (Begleittherapie)
- Bei Bewusstlosigkeit (Begleittherapie)
- Bei nicht artgerechter Haltung (Haltungsbedingungen unbedingt ändern!)
- Bewegungsunlust
- Blasenbeschwerden (Begleittherapie)
- Desinteresse
- Empfindlich gegen Lärm und grelles Licht
- Entgiftung, Entschlackung
- Epilepsie (Begleittherapie)
- Frisst wenig
- Geistesabwesend
- Geräuschempfindlich
- Gleichgültigkeit
- Herabgesetzte Motivationsfähigkeit
- Interesse an der Gegenwart fehlt
- Interesselosigkeit
- Kalte Pfoten, kalte Ohren
- Kein Interesse an der Umwelt
- Kommt nicht auf Rufen, träumt
- Konzentrationsschwäche
- Krankheiten heilen schlecht aus
- Krankheitsanfällig
- Kümmert sich nicht mehr um sich selbst (Körperpflege)
- Leerer Blick
- Lernschwäche
- Muskeldegeneration, -schwund (Begleittherapie)
- Ohrerkrankungen (Begleittherapie)
- Passiv, verträumt
- Phlegmatisch
- Rekonvaleszenz
- Schilddrüsenunterfunktion (Begleittherapie)
- Schläft viel

Je stärker der Clematis-Zustand wird, desto geringer ist die Konzentrationsfähigkeit des Hundes. Das Ganze kann zu körperlichen Verspannungen und Verkrampfungen führen.

Allerdings ist zu bemerken, dass jedes Lebewesen das Recht hat, sich hin und wieder zurückzuziehen und sich Ruhe zu gönnen. Nur darf dieser Zustand nicht tagelang anhalten.

Für Sie als Besitzer ist es sehr wichtig bei der Erziehung, den Hund gut zu motivieren, sei es mit seinem Lieblingsspielzeug (hat fast jeder Hund) oder über Ihre freundliche, aufmunternde Stimme.

Ist er gut motiviert, gibt auch der Clematis-Hund alles!

- Schlechtes Wahrnehmungsvermögen aus Interesselosigkeit
- Schreckhaft
- Schwacher Selbsterhaltungstrieb
- Senilität
- Sensibilität, ist sensibel
- Teilnahmslosigkeit
- Träge
- Träumt mit offenen Augen vor sich hin, nicht ansprechbar
- Traurigkeit
- Übermäßiges Schlafbedürfnis
- Unaufmerksam, abwesend
- Ungeschickt
- Verstopfung (Begleittherapie)
- Verzögerte Körpervorgänge
- Vitalitätsarm
- Vorzeitiges Altern
- Zeigt weder Angst noch Aggression
- Zur Aktivierung bei Krankheit zurückhaltend

Crab Apple ist die innere Ordnungsblüte – der Farbe Violett zugeordnet. Foto: Andreas Bock, Institut für Bachblütentherapie

10. Crab Apple – Holzapfel (Malus pumila)

Der Crab Apple-Hund liebt Regelmäßigkeit, Ordnung und Sauberkeit. Ein anderes Körbchen als sein bisher gewohntes bedeutet für den Hund schon einen Einbruch in seiner Ordnung. Er ist ein Gewohnheitstier. Lebt er in einer Familie, in der nichts aus Regelmäßigkeit besteht und es eher etwas chaotisch zugeht, verliert der Hund die Orientierung. Bekam der Hund bisher zwei Mahlzeiten immer zur gleichen Zeit und nun ändert

Ständiges Kratzen, Lecken, Putzen ist typisch für einen Crab-Apple-Hund. Foto: INFOHUND Eva-Maria Krämer

sich der Rhythmus, wirft diese „Kleinigkeit" den Crab-Apple-Hund aus der Bahn.

Genauso wie der Hund Regelmäßigkeit und Ordnung in seinem Umfeld benötigt, so will er auch Sauberkeit um sich haben. Auffällig ist sein Reinlichkeitsbedürfnis. Er nimmt sich viel Zeit zur Fellpflege. Ein Ästchen im Fell, das er sich beim Spaziergang eingefangen hat, entfernt er schnell selbst.

Der Crab-Apple-Hund macht sich beim Spazierengehen und Spielen nie so dreckig wie andere Hunde. Er meidet nach Möglichkeit Pfützen und trinkt auch kein Wasser aus diesen, dafür läuft er, wenn er die Gelegenheit dazu hat, lieber an fließende Gewässer.

Zweimal von dem gleichen Wasser im Napf zu trinken lehnt er ab. War vor ihm ein anderer Hund am Wassernapf, lässt es der Crab-Apple-Hund stehen und geht trotz großen Durstes nicht an das bereits benutzte Wasser.

Abgestandenes Futter (Futter sollte man sowieso nicht stehen lassen) rührt er nicht mehr an. Auch der Hund, der mit besonderer Vorliebe am laufenden Wasserhahn trinkt, ist oft ein Crab-Apple-Hund.

Der Crab-Apple-Hund scheint Parasiten magisch anzuziehen. Hauterkrankungen sind bei ihm ebenfalls an der Tagesordnung.

Gerät der Hund durch vorher beschriebene Umstände immer mehr aus dem Gleichgewicht, zeigt er ein übersteigertes Putz- und Reinlichkeitsverhalten.

Er putzt, leckt und kratzt sich fast ununterbrochen, bis sein Fell kahle Stellen bekommt. Seine Haut entzündet sich dadurch immer mehr. Hautkrankheiten treten in Erscheinung. Beim Beknabbern, Kratzen und Putzen wirkt er ruhelos.

Die Reaktionen auf Änderungen im täglichen Ablauf haben beim Crab-Apple-Hund nichts mit Angst zu tun. Er findet es nur lästig, etwas Neuem oder Verändertem in seinem Leben Platz zu schaffen.

Von seinen Artgenossen lässt er sich unterdrücken. Trotzdem baut er Aggressionen auf, die sich jedoch „nur" gegen ihn selbst richten. Sein Putzen und Lecken nimmt selbstzerstörerische Formen an.

Dieses Mittel wird auch eingesetzt, um Giftstoffe, Schlacken oder Krankheitserreger auszuscheiden. Nach Krankheiten oder allopathischer Behandlung ist Crab Apple geeignet, Restgifte auszuschwemmen und den Körper physisch wie psychisch zu reinigen. Nach Vergiftungen immer geben!

Symptome
- Abszess (Begleittherapie)
- Abwehrschwäche
- Allergien (Begleittherapie)
- Allergischer Schnupfen, wiederkehrend
- Allgemeine Krankheitsanfälligkeit
- Anfällig für Parasiten und Krankheiten
- Appetitlosigkeit
- Atemwegserkrankungen (Begleittherapie)
- Ausfluss
- Ausleiten von Giftstoffen (Begleittherapie)
- Ausleitung nach Antibiotika-, Hormon-, Cortison- und Beruhigungsmitteltherapie
- Bei putzsüchtigen Hunden
- Bei ständigem Wurmbefall (Begleittherapie)
- Bindehautentzündung (Begleittherapie)
- Blasenentzündung (Begleittherapie)
- Chronische Entzündungen (Begleittherapie)
- Chronische Krankheiten, neigt zu Rückfällen (Begleittherapie)
- Chronischer Husten (Begleittherapie)
- Durchfall (Begleittherapie)
- Ekel vor bestimmten Dingen, zum Beispiel Schmutzwasser
- Ekzem (Begleittherapie)
- Entschlackung
- Fellprobleme (Begleittherapie)
- Gallenstörung (Begleittherapie)
- Geruchsempfindlich
- Hauterkrankungen (Begleittherapie)
- Hautgeschwüre (Begleittherapie)
- Hautirritationen (Begleittherapie)
- Heikler Fresser
- Herbstgrasmilbenbefall (Begleittherapie)
- Hundemutter will Welpen nicht säugen
- Ist wählerisch bei Futter oder Liegeplatz
- Juckreiz (Begleittherapie)
- Krämpfe in den Extremitäten (Begleittherapie)
- Krankheitsanfällig
- Kratzt sich ständig
- Lässt sich unterdrücken
- Lebererkrankungen (Begleittherapie)
- Leck- und Putzsucht
- Leckekzem durch übertriebenes Putzen
- Meidet altes Wasser im Napf und abgestandenes Futter
- Meidet Pfützen und Dreck
- Milbenbefall (Begleittherapie)
- Nach Vergiftungen aller Art – zum Ausleiten (Begleittherapie)
- Ohrmilben (Begleittherapie)
- Psoriasis (Begleittherapie)
- Räude (Begleittherapie)
- Schwaches Immunsystem
- Stoffwechselstörungen (Begleittherapie)
- Stumpfes, glanzloses Fell
- Übertriebenes Reinigungsbedürfnis
- Vergiftungen – bis zum Eintreffen des Tierarztes!
- Verstopfung (Begleittherapie)
- Warzen (Begleittherapie)
- Wiederkehrende Infektionskrankheiten (Begleittherapie)
- Zahnfleischentzündungen (Begleittherapie)
- Zahnstein, Zahnfäule
- Zur Blutreinigung
- Zur Stoffwechselumstimmung

*Elm ist die Energieblüte – der Farbe Orange zugeordnet.
Foto: Andreas Bock, Institut für Bachblütentherapie)*

11. Elm – Ulme
(Ulmus procera)

Der Elm-Hund ist rundherum ein zuverlässiger und robuster Typ, auf den man sich verlassen kann.

Wer kennt ihn nicht, den Hund, dem man sein Herz ausschütten kann und bei dem man das Gefühl hat, er verstünde alles? Durch sein Wesen gibt er seinem Besitzer die Kraft und den Glauben, dass alles wieder gut wird. Das alles kann jedoch nur ein sehr empfindsamer Hund. Das ist der Elm-Hund.

Aber Vorsicht – leicht übersieht man, dass auch der Elm-Hund zwischendurch Ruhepausen braucht.

Wenn seine Grenzen erreicht sind, äußert sich dies in rascher Erschöpfung und Lustlosigkeit bei bisher gewohnten Aktivitäten. Der Hund ist nur noch schwer zu motivieren. Ein im Hundesport eingesetztes Tier scheint seiner Aufgabe nicht mehr gewachsen zu sein. Er vergisst sogar seine Übungen, die er vorher perfekt konnte. Elm gilt als Unterstützung bei einer zeitweiligen tiefen psychischen Erschöpfung.

Ein Hund, der lange Zeit nur in einem Zwinger lebte, eingesperrt war oder ein sehr abgeschiedenes Leben führte, ist häufig schwer in das normale Leben einzugliedern. Hier muss man an Elm denken. Der Elm-Hund ist sehr stressanfällig. Der Elm-Hund arbeitet gerne und wird dadurch leicht von seinem Besitzer überfordert.

Sonst ist der Elm-Hund kräftig und ausgeglichen. Bei einer guten Erziehung brauchen Sie an ihm nichts korrigieren. Er hat ein gut ausgeprägtes Selbstvertrauen, was er in seiner Haltung

Ein Elm-Hund ist immer zuverlässig – bis zur psychischen Erschöpfung. Foto: Christine Steimer

gegenüber Artgenossen zum Ausdruck bringt. Er strahlt Überlegenheit aus und bleibt ruhig und gelassen. Gönnen Sie dem Hund öfter Ruhe und Entspannung bei einem normalen Spaziergang und signalisieren Sie ihm, dass er keine besonderen Leistungen erbringen muss.

Symptome
- Abwehrschwäche durch Überforderung
- Akute Krankheiten (Begleittherapie)
- Altruistisch
- Apathie durch Stress
- Arthritis, Arthrose (Begleittherapie)
- Asthma, ausgelöst durch Stress (Begleittherapie)
- Bauchspeicheldrüsenerkrankungen (Begleittherapie)
- Bei Leistungsstress
- Bei Reizüberflutung (neue Umgebung nach isolierter Haltung)
- Bei zu hohen Anforderungen
- Besitzerwechsel, aktiverer Lebensrhythmus folgt
- Dauerstressbelastung (Haltungsbedingung prüfen und ändern!)
- Dickdarmbeschwerden durch Stress (Begleittherapie)
- Einsatzfreudig, immer im vollen Einsatz
- Energielosigkeit
- Epilepsie (Begleittherapie)
- Erschöpft durch Überforderung
- Fehlende Gelassenheit
- Fehlende Selbstbeherrschung durch Stress
- Geburt stagniert (Begleittherapie)
- Gelenkschwäche (Begleittherapie)
- Gelerntes klappt nicht mehr, Stress
- Geschwächt durch Stress
- Haarausfall durch Stress
- Herzrhythmusstörungen (Begleittherapie)
- Infektionskrankheiten, anfällig durch Stress
- Ist lustlos
- Ist seiner Aufgabe nicht gewachsen durch Überforderung
- Konzentrationsschwäche
- Kraftlos
- Krämpfe (Begleittherapie)
- Kreislaufstörungen (Begleittherapie)
- Launisch, vorübergehendes Stimmungstief
- Leistungskrisen
- Lindert Schmerzen (Begleittherapie)
- Magen-Darm-Erkrankungen (Begleittherapie)
- Magenschleimhautentzündung (Begleittherapie)
- Mangelnde Kondition
- Mattigkeit, Müdigkeit
- Nach Besitzerwechsel
- Nach schwerer Geburt
- Nervosität durch Stress
- Nicht mehr leistungsfähig, überfordert
- Plötzlich nicht mehr leistungsfähig, schwach (abklären, ob organische Störung vorliegt!)
- Prüfungssituation
- Rasche Ermüdung
- Ruhelosigkeit
- Stressanfällig
- Überbelastung im Sport
- Überfordert sich selbst
- Versagt bei Stress
- Verunsichert
- Vorbereitung auf Turniere, Ausstellungen
- Wehenschwäche bei der Geburt (Begleittherapie)
- Wirbelsäulenbeschwerden (Begleittherapie)
- Zu wenig Durchhaltevermögen bei Stresssituation

Gentian ist die Vertrauensblüte – der Farbe Rot zugeordnet. Foto: IPO

12. Gentian – Bitterer Enzian (Gentiana amarella)

Der Gentian-Hund lässt sich sehr leicht entmutigen, er ist übervorsichtig und misstrauisch gegenüber allem Neuen, egal ob es sich um Menschen, Artgenossen oder Gegenstände handelt. Alles wird von ihm erst sehr vorsichtig beschnuppert. Selbst bei Berührung durch bekannte Menschen oder Fütterung aus der Hand ist er sehr zögerlich und weicht oft zurück. Dem Gentian-Hund fehlt es an Vertrauen. Er ist ein ängstliches Sensibelchen.

Für den Gentian-Hund ist es bereits ein negatives Erlebnis, wenn er beim Tierarzt für eine Untersuchung oder Behandlung festgehalten wird. Auch einen Umzug, der den Verlust gewohnter Abläufe bedeutet, oder gar einen Wechsel des Besitzers verträgt er sehr schlecht. Sein Misstrauen wächst genauso wie seine Ablehnung neuen Situationen gegenüber. Wird der Hund ausgeschimpft und getadelt, verkriecht er sich erst mal und schaut verschüchtert und ängstlich aus seinem Versteck hervor. Viele Besitzer behaupten, ihr Hund verstecke sich nur, da er genau wisse, dass er etwas falsch gemacht hat. Dazu ein Hinweis: Hunde besitzen nicht unsere Vorstellung von Moral und Gut und Böse. Sie handeln auch nicht

Ein Gentian-Hund ist misstrauisch, ängstlich und erwartet wenig Gutes. Foto: Ulrike Schanz

aus Absicht, um uns eins auszuwischen! Wir Menschen prägen den Hund zu dem, was er dann ist – entweder ein angenehmes oder ein problematisches Tier im Umgang mit seiner Umwelt. Der Hund ist auf uns angewiesen.

Beim Spaziergang läuft der Gentian-Hund eher unwillig mit. Er findet daran keine Freude. Dieser Zustand kann nach langer Krankheit auftreten, aber auch bei einem Tierheimhund oder nach Besitzerwechsel. Der Hund verliert schnell an Selbstvertrauen und seine Unternehmungslust schwindet. Er macht einen resignierten Eindruck.

Es scheint, als warte der Hund regelrecht auf seine nächste schlechte Erfahrung.

Um einem Gentian-Hund helfen zu können ist die wichtigste Voraussetzung, ein gutes Vertrauensverhältnis zu ihm herzustellen. Bei der Erziehung des Hundes benötigt man selbst sehr viel Geduld und Einfühlungsvermögen. Mit Ungeduld, Tadel und lauten Worten verschüchtert man den Hund noch mehr.

Der Gentian-Hund wird mit viel Liebe, Geduld und Ausdauer durchaus noch ein liebenswerter und anhänglicher Freund.

Symptome
· Abwehrschwäche, bei ständigen Krankheitsrückfällen
· Anpassungsschwierigkeiten
· Apathie
· Asthma (Begleittherapie)
· Autoimmunerkrankungen (Begleittherapie)
· Bei lang andauerndem und langsamem Heilungsprozess (Begleittherapie)
· Bei Therapieversagen durch innere Blockade
· Bei Umzug, Neubeginn
· Bei Verlust der Bezugsperson oder des Tierpartners
· Bei Versagen anderer Therapieverfahren, um Blockade zu lösen
· Beißt sich Fell aus, durch Kummer
· Besitzerwechsel, zum Beispiel nach plötzlichem Tod der Bezugsperson
· Bringt Entscheidungen – Tod oder Leben – bei schweren Erkrankungen
· Chronische Entzündungen (Begleittherapie)
· Chronische Krankheiten (Begleittherapie)
· Chronischer Husten (Begleittherapie)
· Einzelgänger aufgrund schlechter Erfahrungen
· Fehlende Gelassenheit
· Fehlende Zuversicht
· Fördert Genesung
· Fördert Wundheilung (Begleittherapie)
· Gibt schnell auf – Blockade (Therapie unbedingt fortsetzen)
· Ist nicht zu motivieren, ist hoffnungslos
· Ist reserviert
· Kein Durchhaltevermögen
· Kraft zur Genesung fehlt
· Labilität, ist labil
· Magenschleimhautentzündung (Begleittherapie)
· Mangelndes Selbstvertrauen
· Mangelndes Vertrauen
· Melancholisch
· Misstrauisch, auch beim Tierarzt
· Mutlosigkeit, auch bei Krankheit
· Nach Fehl- oder Totgeburt
· Nachgiebig
· Nachtragend
· Nervosität, ist nervös
· Prügelknabe unter Artgenossen
· Rekonvaleszenz
· Resignation
· Rückschläge im Heilungsprozess

- Ruhelosigkeit
- Schwaches Selbstvertrauen
- Skeptisch
- Tierheim – um Selbstvertrauen aufzubauen
- Unsicherheit
- Verkraftet negative Erfahrungen schlecht
- Verletzungen (Begleittherapie)
- Verstopfung (Begleittherapie)
- Zieht sich zurück
- Zum Ausgleich extremer Gemütszustände
- Zur Einleitung des Heilungsprozesses (Begleittherapie)

13. Gorse – Stechginster (Ulex europaeus)

Der Gorse-Hund ist völlig ausgelaugt, ohne Lebensmut und wirkt traurig. Gorse ist die stärkere Variante von Gentian.

Im Tierheim findet man hin und wieder einen Gorse-Hund. Er liegt apathisch in einer Ecke und starrt ins Leere. Selbst Hektik, Aufregung und Besucher vor seinem Zwinger können ihn nicht aus seiner Apathie befreien. Artgenossen interessieren ihn genauso wenig. Der Hund hat resigniert.

Es ist fast unmöglich, den Gorse-Hund zu motivieren. Auch Leckerchen oder sein Lieblingsspielzeug können ihn nicht dazu bewegen, aktiver zu werden und Interesse zu bekunden. Bei ihm geht die Apathie sogar bis zur Futterverweigerung. Es scheint, als hätte der Hund keinen Lebenswillen mehr und würde auf seinen Tod warten. Gerade in diesen Situationen kann Gorse sehr gut weiterhelfen.

Folgt ein Hund seinem verstorbenen Besitzer aus Trauer bald nach, ist es in den meisten Fällen ein Gorse-Hund.

Gorse ist die Zuversichtsblüte – der Farbe Rot zugeordnet. Foto: IPO

Der Verlust seiner Bezugsperson oder eines Artgenossen, mit dem er längere Zeit zusammen verbrachte, lässt den Gorse-Hund traurig bis apathisch werden. Durch eine lang andauernde Bewegungsbehinderung kann ein Hund ebenfalls in eine Apathie abrutschen.

Um diesen Hund wieder aus seinem Kummer zu holen, bedarf es viel Zuneigung und Liebe seitens des Menschen. Immer wieder sollten Sie versuchen mit dem Hund vorsichtig zu spielen. Es wird jedoch länger dauern, bis der Gorse-Hund endlich mitmacht.

Seine Erziehung ist unproblematisch, da er keinen Widerstand leistet. Wichtig ist viel Zeit und Geduld, um dem Hund langsam wieder die

Der Gorse-Hund wirkt resigniert, hat an nichts mehr Freude. Foto: INFOHUND Eva-Maria Krämer

schönen Seiten eines Hundelebens nahe bringen zu können!

Dieses Blütenmittel kann als so genannte Entscheidungshilfe eingesetzt werden. Das Tier hat damit die Möglichkeit, sanft das Leben zu verlassen oder einen großen Schritt ins Leben hineingebracht zu werden. Gorse bewirkt oft eine einschneidende Wende. Sehr hilfreich wird es bei sehr schwer kranken Tieren, physisch wie psychisch, eingesetzt. Keine Angst vor diesem Mittel, es bringt Ihren Hund nicht um!

Meine Erfahrungen waren bisher durchweg positiv. Die Hunde waren danach wieder ansprechbar, auch die Heilung bei Krankheiten ging anschließend rasch vonstatten.

Symptome
- Abgemagert durch Trauer oder Leid
- Abwehrschwäche
- Akute Bauchspeicheldrüsenerkrankungen (Begleittherapie)
- Antriebslosigkeit
- Apathie (Begleittherapie)
- Appetitlosigkeit
- Augenausdruck: tiefe Hoffnungslosigkeit
- Bei langwierigen Erkrankungen
- Bei schlecht heilenden Wunden
- Beschleunigt Genesung
- Bringt Entscheidungen
- Chronische Entzündungen, wiederkehrend (Begleittherapie)

▶

- Diabetes (Begleittherapie)
- Ergibt sich in sein Schicksal, wehrt sich nicht mehr
- Erleichtert Entscheidung zum Leben oder Sterben
- Erschöpfung
- Fehlende Gelassenheit
- Frisst nicht mehr, Futterverweigerung
- Hat lange Leidensgeschichte hinter sich
- Hoffnungslosigkeit
- Interesselosigkeit aus Trauer oder nach Leid
- Keine Antriebskraft
- Kraftlos
- Krankheiten – Neigung zu Rückfällen
- Lang andauernder Heilungsprozess (Begleittherapie)
- Lethargisch
- Lustlosigkeit, ist lustlos
- Magenschleimhautentzündung (Begleittherapie)
- Müder und stumpfer Augenausdruck
- Mutlosigkeit
- Nach aktivem Leben
- Nach nicht artgerechter Haltung
- Nach Trennung
- Nicht motivierbar
- Niedergeschlagenheit
- Pflegt und putzt sich nicht mehr
- Rekonvaleszenz
- Resignation, ist resigniert
- Schlecht heilende Wunden (Begleittherapie)
- Schwaches Immunsystem
- Selbstaufgabe
- Stumpfes Haarkleid
- Trauert
- Unsauberkeit
- Vorzeitiges Altern
- Wiederkehrende Infektionskrankheiten (Begleittherapie)
- Will nicht spielen oder Gassi gehen
- Wurde gequält
- Zeigt Desinteresse

14. Heather – Heidekraut (Calluna vulgaris)

Der Heather-Hund sucht um jeden Preis Anerkennung, Aufmerksamkeit und Zuwendung. Er klebt regelrecht an seinem Besitzer. Sein Verhalten ist aufdringlich zu Menschen sowie zu den eigenen Artgenossen. Er verlangt geradezu danach, im Mittelpunkt zu stehen. Alles muss sich um ihn drehen. Wenn der Heather-Hund alleine bleiben muss, reagiert er mit allerlei Protestreaktionen wie Dinge zerbeißen, an Möbeln und Türen kratzen und nagen, Teppiche zerfetzen, Jaulen und ständiges Bellen oder Unsauberkeit.

Heather ist die Identitätsblüte – der Farbe Grün zugeordnet.
Foto: Dr. Aichele

Blüten – Charakter – Symptome

Er reagiert mit Protest, wenn er nicht die Zuwendung bekommt, die er will. Foto: Christine Steimer

Dieser Hund nimmt dabei in Kauf, von seinem Besitzer ausgeschimpft zu werden, denn auch Schimpfen ist Aufmerksamkeit. Damit hat der Heather-Hund sein Ziel erreicht. Unterhält sich der Halter eines Heather-Hundes mit seinem Nachbarn oder anderen Personen, so kann es dabei zu Problemen kommen. Der Hund bellt aufdringlich während der Unterhaltung oder er versucht mit allerlei Tricks wie Buddeln in der Erde oder Wadenzwicken beim Besitzer die Aufmerksamkeit auf sich zu lenken.

Der Heather-Hund ist sehr wehleidig. Er zeigt deutlich, wo er Schmerzen hat. Ist zum Beispiel eine Pfote verletzt, hebt er diese hoch. Er nagt seine Pfoten blutig, kratzt ständig an den Ohren und der Haut, bis sie sich entzünden oder bluten. Es ist eine regelrechte Selbstzerstörung, die dieser Hund mit sich betreibt.

Findet der Heather-Hund keine Beachtung, ist er sehr rasch beleidigt. Schnell zieht er sich dann in eine Ecke zurück und lässt sich lange bitten, wieder herauszukommen.

Man muss versuchen, sich darüber klar zu werden, wo die Ursache für dieses Verhalten liegt. Ein Grund kann eine zu frühe Wegnahme des Welpen von der Mutter und den Geschwistern sein. Eine Trennung des Welpen von seinem neuen Besitzer während der Prägephase stellt gleichfalls einen Auslöser dar.

Es sind hauptsächlich Verlustängste, die den Hund regelrecht zu diesem Verhalten zwingen. Ein Heather-Hund sucht dann extrem nach Liebe und Anerkennung.

Die Erziehung eines Heather-Hundes gestaltet sich nicht einfach. Er ist zwar bereit, für Lob das zu tun, was man von ihm verlangt, aber zu viel Lob ist dem Hund wiederum nicht zuträglich. Er fordert dann immer mehr ein. Bei zu wenig Lob zieht er sich in sich selbst zurück, ist beleidigt und führt auch keine Übung mehr ordnungsgemäß aus. Also muss Lob vorsichtig dosiert eingesetzt werden. Da für den Hund Tadel ebenfalls eine Art Zuwendung ist, sollte man lieber einmal einen Fehler ignorieren. Der Fehler muss dann

Symptome
- Abhängig vom Besitzer
- Alles muss sich um ihn drehen
- Altersbeschwerden (Begleittherapie)
- Angst, Ängste
- Anhänglichkeit
- Anpassungsschwierigkeiten
- Appetitlosigkeit, da wählerisch
- Atemwegserkrankungen (Begleittherapie)
- Aufdringlichkeit
- Aufmerksamkeit heischende Hunde
- Bauchspeicheldrüsenerkrankungen (Begleittherapie)
- Bei Krankheit sehr wehleidig
- Beißt sich Fell aus
- Bellt ständig
- Bellt, jault, um Aufmerksamkeit zu bekommen
- Besitzergreifend
- Braucht Publikum
- Braucht ständig Anerkennung
- Chronischer Husten (Begleittherapie)
- Drängt sich dazwischen, um beachtet zu werden
- Eifersucht (Baby, neuer Partner des Besitzers, Zweithund)
- Entwickelt Unarten, um beachtet zu werden
- Forderndes Verhalten
- Fordert mit Pföteln Aufmerksamkeit
- Fresssucht (Ersatzhandlung)
- Frühe Verschleißerscheinungen am Bewegungsapparat (Begleittherapie)
- Gelenkerkrankungen (Begleittherapie)
- Genießt Fürsorge bei Erkrankungen
- Herzerkrankungen (Begleittherapie)
- Interesselosigkeit
- Ist lästig
- Juckreiz ohne ersichtlichen Grund (Begleittherapie)
- Kann nicht alleine sein
- Kontaktschwierigkeiten
- Kratzt an Türen, Wänden, Möbeln – wenn allein gelassen
- Launenhaft
- Liebebedürftig
- Magen-Darm-Erkrankungen (Begleittherapie)
- Markierverhalten in der Wohnung
- Protestpinkeln, -koten
- Rheuma, Gelenksteife (Begleittherapie)
- Ruhelos
- Schnell beleidigt, zieht sich zurück
- Selbstverstümmelung (beknabbert sich)
- Spielt sich in den Vordergrund

sofort mit einer wiederholten Übung korrigiert werden. Bei diesem Hund ist der Einsatz Ihrer Stimme gefragt, aber kein Redeschwall! Eine helle Tonlage ist die positive Bestätigung für seine Handlung, eine tiefere Tonlage die negative Aussage für seine Aktion.

Durch Heather und eine vernünftige Erziehung wird der Hund bald lernen, dass es nicht nötig ist, um Aufmerksamkeit und Liebe zu betteln. Er wird erkennen, dass ohne Einforderung mehr Anerkennung für ihn da ist.

- Spielt weiterhin krank, ist aber bereits gesund
- Steigert Lernfähigkeit
- Stoffwechselstörungen (Begleittherapie)
- Strapaziert die Nerven anderer
- Stubenunreinheit
- Sucht Körperkontakt
- Sucht ständig Nähe der Bezugsperson, fremder Menschen
- Tagesablauf muss sich nach ihm richten
- Überanhänglich
- Überdreht
- Übermäßiges Jaulen, auch nachts
- Übermäßiges Kläffen, laut
- Unsicherheit, ist unsicher
- Verdauungsstörungen (Begleittherapie)
- Verlustängste
- Wehleidig
- Wenig Selbstvertrauen
- Will Anerkennung
- Will immer spielen
- Will ständig gestreichelt werden
- Winselt, jault, jammert
- Zerstört Gegenstände, nimmt lieber Strafe in Kauf als Nichtbeachtung
- Zerstörungswut

Holly ist die Herzöffnungsblüte – der Farbe Blau zugeordnet.
Foto: Andreas Bock, Institut für Bachblütentherapie

15. Holly - Stechpalme
(Ilex aquifolium)

Der Holly-Hund besitzt eine sehr niedrige Reizschwelle, ist eifersüchtig und reagiert oft mit einer unkontrollierten Aggression, die für den Menschen meistens nicht nachvollziehbar ist.

Eifersucht und Dominanz lassen den Holly-Hund schnell aggressiv werden. Foto: Christine Steimer

Der Holly-Hund ist meistens schon im Welpenalter eine kleine Kämpfernatur. Er schnauzt bereits seine Geschwister an, um mehr Futter oder ein bestimmtes Spielzeug zu bekommen. Er hat aber auch eine sehr charmante und liebe Seite als junger Hund. Man kann ihm einfach nicht böse sein. Merkt der Hund, dass er bei seinem Besitzer durch seine nette Art leichtes Spiel hat, so fordert er mehr Freiheiten und Rechte ein. Er dehnt seine Grenzen aus.

Geduld gehört nicht zu seinen Stärken. Bekommt er nicht seinen Willen, wird er mürrisch, bis er dann mit Drohgebärden, Aggressionen oder Angriffen startet. Der Holly-Hund ist argwöhnisch, selbst seinen Artgenossen gegenüber. Mit anderen Hunden lässt er sich auf kein Spiel ein. Werden sie aufdringlich oder kann er ihnen nicht mehr ausweichen, so zeigt der Holly-Hund Drohgebärden, die sogar in einer Beißerei enden können. Auf diese Weise isoliert sich der Hund immer mehr.

Eines besitzt der Holly-Hund: Selbstbewusstsein!

Es sind eher die kräftigen Tiere, die dieses Verhalten an den Tag legen. Der Holly-Hund reagiert

Blüten – Charakter – Symptome

auf beinahe jeden eifersüchtig, egal ob Mensch oder Tier. Nähert sich seiner Bezugsperson ein anderer Mensch oder ein anderer Hund, reagiert der Holly-Hund mit Zähnefletschen und Knurren. Intensives Bellen mit kurzen Vorstößen tritt ebenfalls auf. Einen Artgenossen greift er dann sehr schnell an, es kommt leicht zu Raufereien.

Zeigt der Hund aggressives Verhalten und der Besitzer wendet sich seinem Hund sanft und liebevoll zu, so wertet der Hund dies als Zeichen der Schwäche. Hier ist es erforderlich, sich erst einmal Respekt zu verschaffen. Ein Zweithund ist in solchen Fällen nicht angebracht, er würde unter dem Holly-Hund sehr leiden.

Veränderungen innerhalb der Familie wie ein Säugling oder ein neuer Lebenspartner des Besitzers reizen den Hund zur Eifersucht. Es folgen Trotzreaktionen in Form von Futterverweigerung oder Unsauberkeit. Aggressionen lässt er auch freien Lauf. Diese können sich durchaus gegen den Besitzer richten.

Bei der Erziehung des Holly-Hundes ist es vorrangig, sich Respekt zu verschaffen. Sollte der Holly-Hund bereits seinen Besitzer anbrummen, darf dieser keine Schwächen, Angst oder extrem liebevolles Verständnis zeigen. Der Hund sieht dadurch nur, dass er wieder der Stärkere ist. Der Halter muss kontrolliert handeln, sodass es für den Hund nachvollziehbar ist und bleibt. Konsequente Erziehung und unbedingter Gehorsam des Hundes sind nötig, was nicht heißt, dass der Hund geknechtet werden muss.

Da diesen Zustand meistens große und kräftige Hunde entwickeln, sollte man während der Erziehungsphase für geeignete Sicherheitsvorgehrungen sorgen, zum Beispiel mit einem Maulkorb oder einem Halti. Leider ist das heute aufgrund der geltenden Landeshundeverordnungen unbedingt nötig.

Symptome

- Ablehnung (gegen Futter, Menschen, Artgenossen)
- Aggressionen, auch ohne Grund
- Aggressivität – zielgerichtet und unkontrolliert
- Akute Erkrankungen (Begleittherapie)
- Allergien, heftig und schnell auftretend (Begleittherapie)
- Altersbeschwerden (Begleittherapie)
- Angstbeißer (Ursache suchen!)
- Arthritis, Arthrose (Begleittherapie)
- Asthma (Begleittherapie)
- Aufbrausend, schnell aus der Fassung
- Aufsässig, kommt nicht auf Rufen
- Behandlungsbeginn bei aktiven und angespannten Hunden
- Bei Amputationen, Kastrationen (Begleittherapie)
- Bei plötzlichem, hohem Fieber (Begleittherapie)
- Bei schlecht heilender Wunde (Begleittherapie)
- Bei Schmerzen (Begleittherapie)
- Bei Unterordnung, lässt sich unterdrücken – wird dann aggressiv
- Beißt sich Fell aus (Autoaggression)
- Blähungen mit Krämpfen (Begleittherapie)
- Blasenstörung (Begleittherapie)
- Dackellähme (Begleittherapie)
- Dickdarmbeschwerden durch Stress (Begleittherapie)
- Dominanz, ist dominant
- Durchfall (Begleittherapie)
- Eifersucht, eventuell Schnappen, reagiert aggressiv
- Einzelgänger
- Entzündungen, häufig und heftig auftretend (Begleittherapie)
- Epilepsie, heftig (Begleittherapie)

▶

- Erbarmungslose Angriffe
- Erkrankungen hervorgerufen durch Zorn,
- Feindseligkeit (Begleittherapie)
- Erregbar, reizbar
- Fehlende Gelassenheit
- Fehlendes Vertrauen
- Fresssucht (Ersatzhandlung)
- Hauterkrankungen (Begleittherapie)
- Heftige körperliche Reaktionen (Fieber, Juckreiz, Kolik, Aggression)
- Herzerkrankungen (Begleittherapie)
- Hund greift Welpen an, Eifersucht
- Husten mit starker Schleimproduktion (Begleittherapie)
- Intoleranz, ist aggressiv
- Juckreiz, heftig (Ursache abklären, Begleittherapie)
- Kolik (Begleittherapie)
- Langwierige Verletzungen (Begleittherapie)
- Lebererkrankungen (Begleittherapie)
- Lehnt sich gegen alles auf
- Leistet bei Erziehung heftigen Widerstand
- Magenschleimhautentzündung (Begleittherapie)
- Misstrauen, ist misstrauisch
- Mittelohrentzündung (Begleittherapie)
- Mürrisch
- Nachtragend, beleidigt
- Neigt schnell zu Krankheiten
- Niedrige Reizschwelle
- Nierenerkrankungen – starke Symptome (Begleittherapie)
- Parasitenbefall (Begleittherapie)
- Plötzliche Angriffslust
- Polyarthritis mit Schmerzen (Begleittherapie)
- Prostataentzündung (Begleittherapie)
- Protestreaktionen, zum Beispiel Unsauberkeit
- Reagiert mit unkontrollierter Aggression
- Reizbar
- Schutztrieb zu aggressiv
- Schwaches Immunsystem (Begleittherapie)
- Spielt grob
- Ständig unter Spannung
- Streitsucht
- Temperamentvoll
- Trockener Hustenkrampf (Begleittherapie)
- Tyrann
- Unsauberkeit
- Verteidigt aggressiv Futter oder Schlafplatz
- Zahnfleischentzündung, Mandelentzündung (Begleittherapie)
- Zerstörungswut

16. Honeysuckle – Geißblatt (Lonicera caprifolium)

Der Honeysuckle-Hund zeigt nur noch wenig Interesse an seiner Umgebung und wirkt apathisch. Das kann verschiedene Ursachen haben und in jedem Alter auftreten.

Der sensible Welpe trauert nach der Abgabe beim neuen Besitzer und zeigt kein Interesse an seinem neuen Zuhause, da er Heimweh nach seinem Rudel hat. Aber auch der erwachsene Hund, der einen Verlust erlitten hat, fällt dadurch sehr schnell in eine Interesselosigkeit, die sich bis zur Apathie steigern kann.

Das kann der Verlust des lieb gewonnenen Besitzers sein, genauso wie der eines Artgenossen, an dem er hing. Manchmal reagiert der Honeysuckle-Hund mit diesen Symptomen auf kleinste Veränderungen, da genügt bereits ein Umstellen von Möbeln oder ein neuer Schrank oder Teppich.

Blüten – Charakter – Symptome

*Honeysuckle ist die Gegenwartsblüte – der Farbe Gelb zugeordnet.
Foto: Andreas Bock, Institut für Bachblütentherapie*

Ortswechsel durch einen Umzug oder ein Besitzerwechsel kann ebenso einen Auslöser darstellen.

Der Honeysuckle-Hund starrt unentwegt vor sich hin und lässt sich schwer ansprechen. Er beachtet seine Umgebung nicht mehr und verweigert sogar sein Futter.

Das andere Extrem ist Unruhe. Der Hund sucht ständig nach seinen gewohnten Spielkameraden oder seinem vorherigen Besitzer. Der Honeysuckle-Hund winselt häufig leise vor sich hin oder heult wie ein Wolf, als wollte er sein Rudel zusammenrufen.

Es gibt Hundemütter, die nach der Abgabe ihrer Welpen penetrant nach ihnen suchen und jammern. Ein paar Tage darf man das zulassen. Dauert das Verhalten jedoch weiterhin an, muss mit Honeysuckle geholfen werden.

Dieser Hund entwickelt starke und sehr enge Bindungen zu seinem Besitzer oder zu Artgenossen. Er ist daher auch sehr leicht zu erziehen.

Bei trauernden Tierheimhunden ist es oftmals hilfreich, Honeysuckle einzusetzen.

*Die Trennung von einem Freund oder nur liebe Gewohnheiten aufgeben zu müssen ist für den Honeysuckle-Hund ein Problem.
Foto: Christine Steimer*

Symptome
- Abwesenheit, ist nicht ansprechbar
- Akzeptiert neue Situation nicht
- Anhaltende Müdigkeit
- Anpassungsschwierigkeiten (Besitzerwechsel, Umzug, Tierheim)
- Antriebslos
- Apathie (Begleittherapie)
- Appetitlosigkeit durch Trauer
- Bei Besitzerwechsel
- Bei Ortswechsel, Umzug
- Bei plötzlichem Besitzerwechsel, zum Beispiel durch Tod des bisherigen Halters
- Bei Trennung
- Bei Urlaubspflege
- Beißt sich Fell aus (Ersatzhandlung)
- Bewegt sich langsam, wenig
- Erfahrungen und Gelerntes werden verdrängt
- Fehlende Lebensfreude nach Wechsel der Lebensumstände
- Fresssucht (Ersatzhandlung aus Kummer)
- Futterverweigerung bei kleinsten Veränderungen
- Hautpilze (Begleittherapie)
- Heimweh
- Heult viel, winselt leise vor sich hin
- Hundemutter jammert nach Abgabe ihrer Welpen
- Infektionskrankheiten (Begleittherapie)
- Interesselosigkeit aus Trauer
- Jammert bei Abwesenheit des Besitzers
- Juckreiz (Begleittherapie)
- Kann im Alter nicht mehr aktiv sein
- Kann schlimme Zeit nicht vergessen, leidet
- Kann Veränderungen schlecht verkraften
- Konzentrationsschwäche
- Kreislaufschwäche (Begleittherapie)
- Mangelnde Aufmerksamkeit
- Melancholisch, traurig
- Nach gezogenem Zahn
- Nach Kastration, Amputation
- Nach traumatischen Ereignissen
- Nach Verlust jeglicher Art
- Nachtragend
- Neigung zu Asthma (Begleittherapie)
- Neigung zu hässlicher Narbenbildung (Begleittherapie)
- Neubeginn – nach Umzug, Tierpension, Verlust
- Phlegmatisch, träge
- Reinigung, Entschlackung von Leber, Niere, Milz und Pankreas (Begleittherapie)
- Rekonvaleszenz
- Reserviertheit
- Revitalisierung älterer Hunde (früh gealtert)
- Schenkt seiner Umgebung keine Aufmerksamkeit
- Schlecht heilende Wunden (Begleittherapie)
- Teilnahmslos
- Tierheimaufenthalt, Eingewöhnung fällt schwer
- Trauert um abwesende Personen oder Spielgefährten
- Um sich an Zweittier zu gewöhnen, um neue Situation zu verkraften
- Unaufmerksam
- Vergesslich
- Vermisst alte Gewohnheiten, zum Beispiel Sporthund im Ruhestand
- Vermisst sein früheres Zuhause
- Verstopfung (Begleittherapie)
- Verträumt
- Vitalitätsarm
- Welpe jammert bei neuem Besitzer nach der Mutter
- Wirkt resigniert, hoffnungslos
- Wunden, Verletzungen, die absolut nicht heilen wollen (Begleittherapie)
- Zur Entschlackung

17. Hornbeam – Weiß- oder Hainbuche (Carpinus betulus)

Der Hornbeam-Hund ist müde, antriebslos, unmotiviert bis apathisch ohne wirkliche körperliche Krankheit.

Der Grund hierfür liegt häufig an einer reizarmen Umgebung. Ein Hund, der aktiv im Hundesport eingesetzt wird, kann ebenfalls diese Symptome zeigen. Zuallererst ist dann zu prüfen, ob eine Überforderung vorliegt. Ist dies nicht der Fall, so bedeutet es, dass der Hund Routine erreicht hat, das heißt, es macht ihm keinen Spaß mehr, die Übungen sind für den Hund langweilig.

Spaziergänge, bei denen immer der gleiche Weg eingeschlagen wird, machen dem Hornbeam-Hund keine Freude. Er geht nur noch unwillig mit und zeigt dabei oft einen leicht eingezogenen Schwanz und hängenden Kopf. Der Hund muss regelrecht hinterhergezogen werden. Daheim legt er sich wieder hin, den Kopf auf seinen Pfoten und schaut seinen Besitzer müde und melancholisch an, während dieser versucht, den Hund zu Aktivitäten wie Spielen zu bewegen.

Verblüffend ist dabei, dass dieser müde und gelangweilte Hund sofort schwanzwedelnd zur Stelle ist, sobald sich eine fremde Person mit ihm beschäftigt. Genauso begeistert ist der Hornbeam-Hund bei allen außergewöhnlichen Situationen dabei. Das können Vorbereitungen auf einen länger bleibenden Besuch, Möbelumstellung oder ein Umzug sein. Er springt dann freudig und begeistert umher.

Der Hornbeam-Hund ist von seinem Naturell ein sehr aktiver Hund, ständig bereit zu neuen Taten, aber abwechslungsreich muss es sein. Es ist die Routine, die diesem Hund missfällt. Er wirkt dann schlapp und ausgelaugt. Kommt wo-

Hornbeam ist die Spannkraftblüte – der Farbe Rot zugeordnet.
Foto: Dr. Aichele

möglich noch eine Erkrankung dazu, ist er völlig erschöpft und die Genesung dauert recht lange. Mit Hornbeam und ein bisschen Phantasie seitens des Besitzers, was die Abwechslung der Aktivitäten für den Hund anbetrifft, wird das Tier schnell wieder lebenslustig und aktiv.

Er möchte Abwechslung, „Action" und ist gelähmt von Langeweile.
Foto: Ulrike Schanz

Symptome

- Abwehrschwäche
- Allergien (Begleittherapie)
- Allgemein geschwächt, physisch wie psychisch
- Altersbeschwerden (Begleittherapie)
- Anspannung
- Antriebsarm
- Antriebsschwäche
- Antriebsschwäche durch ungeliebte Tätigkeit, nicht artgerechte Haltung
- Apathie
- Arthritis, Arthrose (Begleittherapie)
- Asthma (Begleittherapie)
- Augenausdruck: müde
- Bei eintönigen Umweltbedingungen (Haltung unbedingt ändern!)
- Bei starker Belastung, Anspannung, zum Beispiel Turniere
- Bei Training und Sport
- Bei Überforderung (unbedingt ändern!)
- Bei Unterforderung (Haltungsbedingungen ändern!)
- Bindegewebsschwäche (Begleittherapie)
- Bindehautentzündung (Begleittherapie)
- Blasenschwäche (Begleittherapie)
- Blutarmut, macht geschwächten Eindruck (Begleittherapie)
- Deckschwäche durch Überlastung
- Energielosigkeit
- Erschöpfungszustände (Begleittherapie)
- Fehlende Entspannung durch Überbelastung (unbedingt ändern!)
- Fehlende Kraft
- Fehlende Motivation, ist müde
- Fehlende Muskelkraft (Begleittherapie)
- Fehlende Vitalität
- Fieber bei Schwäche (Begleittherapie)
- Fördert Genesung
- Fresssucht (Ersatzhandlung)
- Geistiger Entwicklungsstopp
- Gelenkschwäche (Begleittherapie)
- Herzschwäche (Begleittherapie)
- Husten, zur Stärkung bei Erschöpfung (Begleittherapie)
- Jungtiere, von Geburt an schwächlich
- Kann seine Fähigkeiten nicht ausleben, wird dadurch lustlos
- Konzentrationsschwäche durch Routine
- Körperlich erschöpft
- Kraftlosigkeit
- Leicht ablenkbar
- Lethargisch
- Lustlos
- Müdigkeit durch Routine
- Muskelverspannungen (Begleittherapie)
- Nach langer Krankheit
- Neigung zu geröteten Augen (Begleittherapie)
- Regeneration der Leber (Begleittherapie)
- Rekonvaleszenz
- Rheuma, Polyarthritis mit morgendlichen Anlaufschwierigkeiten (Begleittherapie)
- Rheumatische Beschwerden (Begleittherapie)
- Schilddrüsenunterfunktion (Begleittherapie)
- Schlapp, keine Energie
- Schwacher Bewegungsapparat (auch angeboren, Begleittherapie)
- Schwaches Durchhaltevermögen
- Schwerfälligkeit, Trägheit
- Sehnenschwäche (Begleittherapie)
- Überdruss durch Alltäglichkeit
- Unausgeglichenheit, ist unausgeglichen
- Unkonzentriert

Blüten – Charakter – Symptome   59

Impatiens ist die Geduldblüte – der Farbe Grün zugeordnet.
Foto: IPO

Die Auffassungsgabe des Impatiens-Hundes ist sehr rasch und gut. Bei kontinuierlichem Üben auf dem Hundeplatz schaltet er jedoch einfach ab, da er schon wieder seine Umgebung beobachtet, um zu sehen, ob es nicht Reizvolleres für ihn gibt. Er ist sehr leicht ablenkbar. Dafür genügt oft schon eine Kleinigkeit wie eine Tür, die ins Schloss fällt, oder ein vorbeifahrendes Fahrrad. Geduldig Übungen wiederholen ist für den Impatiens-Hund langweilig. Er will rennen und toben sowie Neues erkunden. Dieser Hund hat einen starken Bewegungsdrang. Kaum zu Hause angekommen, möchte er schon wieder fort. Kommt man diesem starken Bewegungsbedürfnis des Hundes nicht nach, wird er unruhig, nervös und gereizt.

Spielen ist für den Hund eine seiner schönsten und liebsten Beschäftigungen. Er ist dabei sehr ungestüm, kaum noch zu bändigen und kann sich richtig hineinsteigern. Er verlangt immer mehr. Ein normaler Spaziergang an der Leine ist für ihn furchtbar, alles geht ihm zu langsam und er zerrt kräftig an der Leine.

18. Impatiens – Drüsentragendes Springkraut (Impatiens glandulifera)

Der Impatiens-Hund ist ungestüm, kaum zu bändigen, hektisch und zeigt eine permanente Unruhe. Durch seine Hektik wird der Hund schnell nervös und gereizt. Es fällt ihm schwer, geduldig auf etwas zu warten. Das Futter nimmt der Impatiens-Hund sehr hastig auf. Er wartet nicht auf das Leckerchen aus der Hand des Besitzers, sondern reißt es regelrecht aus der Hand. Manchmal muss man schon auf seine eigenen Finger aufpassen.

Symptome
- Aggressivität, Aggressionen aus Ungeduld
- Allergien (Begleittherapie)
- Allergischer Schnupfen
- Angespanntheit, ist angespannt
- Anpassungsschwierigkeiten
- Aufbrausend
- Bei Bewegungseinschränkung – Unruhe und Nervosität
- Beißt sich Fell aus (Ungeduld)
- Beschleunigter Stoffwechsel (Begleittherapie)
- Dickdarmentzündung, -geschwüre (Begleittherapie)
- Durchfall (Begleittherapie)
- Einzelgänger

- ▸ Erbrechen durch zu hastige Futteraufnahme
- Erkrankungen durch innere Anspannung
- Erste Hilfe bei emotionalem Stress und äußerster Unruhe
- Extreme Unruhe
- Fehlende Gelassenheit
- Fordert Aufmerksamkeit
- Fressverhalten gierig und nervös, Schlinger
- Futtermittelallergie (Begleittherapie)
- Gerät durch Stress außer Kontrolle
- Gereiztheit, ist gereizt
- Hastiger Fresser
- Hauterkrankungen (Begleittherapie)
- Hektisch
- Herzerkrankungen (Begleittherapie)
- Hyperaktiv, schlägt leicht in aggressives Verhalten um
- Impulsiv
- Innere Anspannung (oft Haltungsfehler, prüfen!)
- Intolerant, da ungeduldig
- Ist aufdringlich
- Juckreiz (Begleittherapie)
- Kann nicht entspannen
- Kann nicht warten
- Kolik (Begleittherapie)
- Konzentrationsschwäche durch Ungeduld
- Krämpfe (Begleittherapie)
- Launenhaft
- Lebererkrankungen (Begleittherapie)
- Leckerbissen werden aus der Hand gerissen
- Leicht ablenkbar
- Lindert Schmerzen
- Magen-Darm-Erkrankungen (Begleittherapie)
- Magenschleimhautentzündung (Begleittherapie)
- Mangelnde Aufmerksamkeit
- Meistens schlanke, flinke Hunde
- Muss ständig zurückgehalten, gebremst werden
- Neigt zu Fieberschüben (Begleittherapie)
- Neigung zu überschießenden Reaktionen
- Nervöses Belecken, Beknabbern
- Nervosität, ist nervös
- Niedrige Reizschwelle

Mit seinen Artgenossen kommt er relativ gut aus, der Impatiens-Hund spielt nur gerne den Anführer. Alle sollen sich nach ihm richten. Geschieht dies nicht, so knurrt und rüffelt er schon die anderen Hunde an. Manchmal beißt er auch kurz zu.

Kommt sein Besitzer nach Hause, wird er vom Impatiens-Hund heftig begrüßt und dabei auch angesprungen. Zur Begrüßung bringt er Schuhe, Spielzeug oder Ähnliches im Maul angeschleppt. Diese Freude und Begeisterung ist gleich groß, egal ob der Besitzer zehn Minuten oder den ganzen Tag fort war. Genauso stürmisch begrüßt er auch Fremde. Er freut sich über jeden, der kommt.

Ein Impatiens-Hund tut nichts ruhig und gelassen, er ist immer ungestüm. Foto: Christine Steimer

Blüten – Charakter – Symptome

- Psychogenes Ekzem (Begleittherapie)
- Rasche Ermüdung
- Rennt, springt und tobt extrem
- Rheumaschmerzen (Begleittherapie)
- Rücksichtslos, rennt andere einfach um
- Ruhelosigkeit
- Schilddrüsenüberfunktion (Begleittherapie)
- Schmerzen, plötzlich und heftig auftretend (Begleittherapie)
- Ständig gereizt
- Stark ausgeprägte Unabhängigkeit
- Starker Bewegungsdrang
- Unausgeglichenheit, ist unausgeglichen
- Ungeduld, ist ungeduldig
- Verliert schnell Geduld
- Verspannungen der Halswirbelsäule (Begleittherapie)
- Zähneknirschen
- Zerrt an der Leine
- Zu temperamentvoll
- Zuckt mit Gliedmaßen im Schlaf

Larch ist die Selbstvertrauensblüte – der Farbe Orange zugeordnet. Foto: Andreas Bock, Institut für Bachblütentherapie

Der Impatiens-Hund schläft nie wirklich tief, er scheint ständig unter Strom zu stehen. Jedes kleine Geräusch lässt ihn sofort aufstehen, um nachzusehen, was los ist. Durch zu viele Reize wird der Hund schnell nervös und manchmal auch grantig.

Der Impatiens-Hund kann für seinen Besitzer sehr anstrengend und belastend werden. Wichtig ist, den Hund immer wieder zu Geduld und Ruhe anzuhalten. So kann er dann auch in einem Haushalt, in dem es turbulent zugeht, gut auskommen. Er wird jedoch trotz der Bachblüte immer ein bewegungsfreudiger und temperamentvoller Hund bleiben. Dem sollte man auch nachkommen. Die meisten Hunde werden in der heutigen Zeit sowieso zu wenig bewegt!

19. Larch – Lärche
(Larix decidua)

Der Larch-Hund ist ängstlich, unterwürfig und hat absolut kein Selbstvertrauen.

Er lässt sich von seinen Artgenossen ohne jegliche Gegenwehr unterdrücken. Aus ihm wird vor lauter Angst und Unterwürfigkeit selten ein Beißer, da er selbst dafür nicht den Mut aufbringt. In der freien Natur könnte so ein Hund nicht überleben, er würde bereits kurz nach der Geburt sterben.

Neuen Dingen steht der Larch-Hund skeptisch gegenüber. Er braucht sehr viel Zeit, um sich vorzuwagen und heranzutasten. Von selbst geht der

Larch-Hund eher selten auf seine Artgenossen zu, er traut sich einfach nicht. Seine Körperhaltung beim Beobachten anderer Hunde signalisiert bereits Unsicherheit und Unterwürfigkeit. Er macht sich klein, legt die Ohren an, lässt seinen Schwanz hängen oder zieht ihn zwischen die Hinterbeine. Der Kopf ist meistens leicht gesenkt.

Bei der Haltung mehrerer Tiere ist der Larch-Hund der Letzte, der zum Futternapf geht und nur ein paar Brocken aufnimmt. Kommt ein Artgenosse zu nahe, verlässt er den Futterplatz. Bei alleiniger Haltung neigt er zu Fresssucht, was bei ihm eine Ersatzhandlung darstellt.

Dieser Zustand entsteht oft schon im Welpenalter. Meistens sind es Hunde aus Massenzucht, die keine Liebe und Zuneigung bekommen. Selbst die Elterntiere sind aufgrund schlechter Haltungsbedingungen ohne Lebensfreude und haben oft resigniert. In dieser Atmosphäre kann sich kein Selbstvertrauen für Welpen entwickeln.

Es ist für den Halter eines Larch-Hundes kein einfaches Zusammenleben. Dieser Hund braucht Zuneigung ohne Bedauern. Mitleid würde seine Ängstlichkeit nur verschlimmern. Dieser Hund reagiert bei freundlicher Ansprache oder Begrüßung mit Unterwürfigkeit und Urinieren.

Dem Larch-Hund muss man kleine Erfolgserlebnisse bereiten, um sein Selbstvertrauen aufzubauen. Selbst wenn man nur mit ihm Ball spielt, muss man darauf achten, dass der Hund diesen auch wirklich fangen kann. Er braucht öfter kleine Spaziergänge, damit er mit den wahrgenommenen Eindrücken fertig werden kann und nicht überfordert wird, wodurch seine Unsicherheit nur wachsen würde.

Zur Kontaktaufnahme mit Artgenossen sollte man den Hund nicht zwingen. Er muss die Möglichkeit haben, anderen Hunden aus der Entfernung zuschauen zu können, um durch Beobachtung zu lernen. Je öfter der Hund zuschauen kann, desto größer wird das Interesse an seinen Artgenossen. Er erkennt durch das Beobachten, dass von den anderen Hunden keine Gefahr für ihn ausgeht. In kleinen und langsamen Schritten lernt der Larch-Hund seine Ängste abzubauen und gewinnt an Selbstvertrauen.

Kurzfristig kann jeder Hund in diesen Zustand geraten. Ein Beispiel dafür ist der Fall, wenn ein

Schüchtern, wie er ist, unterwirft sich ein Larch-Hund sofort anderen Hunden. Foto: Ulrike Schanz

Blüten – Charakter – Symptome

Hund von einem Artgenossen, mit dem er schon lange Zeit befreundet war, plötzlich gebissen wird. Larch und Rock Rose sind dann in Kombination eine gute Hilfe.

Wenn der Larch-Hund mit Ihrer Hilfe und Geduld sein Selbstvertrauen aufgebaut hat, ist er ein umgänglicher, ruhiger und leicht zu führender Vertreter seiner Art.

Symptome
- Abwehrschwäche
- Allergien (Begleittherapie)
- Angst vor Ablehnung
- Angst vor Neuem, ungewohnten Situationen
- Angst, Ängste
- Anpassungsschwierigkeiten an Menschen und Artgenossen
- Antriebslos
- Apathie (Begleittherapie)
- Asthma (Begleittherapie)
- Augenausdruck: unsicher, hilflos
- Bei hormonellen Umstellungen (Begleittherapie)
- Bei schweren Verletzungen (Begleittherapie)
- Bindegewebsschwäche (Begleittherapie)
- Blasenschwäche (Begleittherapie)
- Empfindlich gegen Tadel, Kritik
- Extrem ruhig aus Unsicherheit
- Fehlende Ausdauer
- Fehlende Eigeninitiative
- Fehlendes Selbstvertrauen
- Fehlendes Vertrauen
- Fieber bei Schwäche (Begleittherapie)
- Fördert Genesung
- Fresssucht (Ersatzbefriedigung)
- Geduckte Haltung, Unsicherheit
- Gehorcht jedem durch mangelndes Selbstvertrauen
- Geht nicht auf andere zu, weicht aus
- Genesung geht nicht voran
- Hautkrankheiten (Begleittherapie)
- Ist schüchtern
- Kann sich nicht durchsetzen
- Kaum Lautäußerungen, Bellen
- Kontaktschwierigkeiten
- Konzentrationsschwäche
- Krankheitsanfällig
- Labilität, ist labil
- Lang andauernde Krankheiten, Verletzungen (Begleittherapie)
- Lässt sich alles gefallen
- Lässt sich von Artgenossen einschüchtern
- Lernblockaden durch Unsicherheit
- Magen-Darm-Erkrankungen (Begleittherapie)
- Mangelndes Zutrauen
- Misstrauisch
- Mutlos, gibt schnell auf
- Nachgiebig
- Reißt sich Fell aus (Ersatzhandlung)
- Rekonvaleszenz
- Reserviertheit, zieht sich zurück
- Resignation
- Schwächliche Konstitution
- Sensibel
- Steht Neuem skeptisch gegenüber
- Übergewicht (Begleittherapie)
- Ungeschickt
- Unsauber, meldet sich nachts nicht aus Angst
- Unsicherheit, ist unsicher
- Unterwürfigkeit
- Uriniert bei Begrüßung
- Verlangen nach Anerkennung
- Verschüchtert
- Wirbelsäulenbeschwerden (Begleittherapie)
- Wird von anderen beherrscht
- Zögerlich in jeder neuen Situation

Mimulus ist die Sicherheitsblüte – der Farbe Gelb zugeordnet. Foto: IPO

20. Mimulus – Gefleckte Gauklerblume (Mimulus guttatus)

Der Mimulus-Hund ist ängstlich. Es ist eine gerichtete Angst, das heißt, er fürchtet sich vor konkreten Dingen wie Personen, Treppen, Autos, Fahrstuhl, Gewitter, Silvesterknallern und Ähnlichem.

Manchmal ist es für den Halter schwer zu erkennen, wovor sich sein Hund fürchtet. Bei genauerer und längerer Beobachtung ist der Grund jedoch immer zu finden oder nachvollziehbar. Der Mimulus-Hund hat ein schwaches Selbstvertrauen. Angst macht den Hund nervös und lässt ihn skeptisch gegen neue Dinge werden.

So flößt dem Hund auch länger andauernder Streit im Haushalt, bei dem es laut zugeht und Türen fliegen, Angst ein. Er verknüpft noch lange nach dem Streit zufliegende Türen mit dem früheren Streit und der schlechten Stimmung. Die Angst kann ebenso durch einen Unfall, den der Hund erlitt, ausgelöst werden.

Je größer die Angst des Hundes ist, desto eher ist er bereit, davor zu flüchten, so zum Beispiel vor einem knatternden Motorrad. Ist der Hund

In der Nähe seines Halters sucht der Mimulus-Hund Sicherheit. Er ist sehr liebebedürftig. Foto: Ulrike Schanz

dieser Situation auf freiem Feld unangeleint ausgesetzt, kann es schnell geschehen, dass er flüchtet. Bei Gewitter oder Silvesterknallern verkriecht er sich zitternd unter einen Tisch, unter das Bett oder in eine geschützte Ecke.

Ist der Mimulus-Hund krank, genießt er es, verwöhnt zu werden. Er versucht sogar durch Schauspielerei den Zustand des Verwöhnens noch ein bisschen länger hinauszuzögern.

Mit dem Mimulus-Hund etwas zu unternehmen kann aufgrund seiner Angst manchmal schwierig werden.

Hier gilt für den Besitzer Ruhe zu bewahren und seinem Hund mit ruhiger und sicherer Stimme durch Angstsituationen zu helfen.

Kann man die Angst des Mimulus-Hundes bereits konkretisieren, ist zu überlegen, ob sich diese Situation absichtlich herbeiführen lässt.

Wenn ja, kann der Besitzer die gleiche Situation immer wieder provozieren und mit dem Hund üben, bis dieser begreift, dass ihm keine Gefahr droht.

Aber Vorsicht, die Situation nicht mehrmals nacheinander ausführen und den Hund nicht durchzwingen. Er lernt sonst noch mehr Angst! Suchen Sie sich Hilfe bei einem wirklich guten Ausbilder.

Symptome
- Allergien (Begleittherapie)
- Alpträume
- Anfällig für Infektionskrankheiten (Begleittherapie)
- Angst vor bestimmten Geräuschen, Gegenständen, Menschen
- Angst vor dem Alleinsein, auch nachts
- Angst vor Tierarzt
- Angst vor Verlust jeglicher Art
- Angst, ausgelöst durch Unfall, Trauma
- Angstbeißer
- Ängstlichkeit, Furcht
- Anspannung aus Ängstlichkeit
- Asthma (Begleittherapie)
- Bellt, jault und wimmert vor Angst

- ▸ · Blasenentzündung (Begleittherapie)
- · Durchfall (Begleittherapie)
- · Empfindlich gegen Lärm und grelles Licht
- · Erbrechen (Begleittherapie)
- · Fehlendes Zutrauen
- · Furchtsam
- · Geschwächtes Immunsystem (Begleittherapie)
- · Gewitterangst
- · Hauterkrankungen (Begleittherapie)
- · Herzrhythmusstörungen (Begleittherapie)
- · Ist schüchtern, scheu
- · Kontaktschwierigkeiten
- · Konzentrationsschwierigkeiten
- · Krämpfe, durch Angst (Begleittherapie)
- · Krankheitsanfällig
- · Lärmphobie
- · Liebebedürftig, sucht Nähe des Besitzers
- · Magen-Darm-Erkrankungen (Begleittherapie)
- · Magenschleimhautentzündung (Begleittherapie)
- · Meidet Artgenossen
- · Misstrauen, ist misstrauisch
- · Nervosität, ist nervös
- · Rekonvaleszenz
- · Schilddrüsenüberfunktion (Begleittherapie)
- · Schmerzempfindlich
- · Schreckhaft durch Geräusche
- · Schussangst
- · Schwache Konstitution
- · Sensibel
- · Stubenunreinheit, auch nachts
- · Unruhig
- · Verstopfung (Begleittherapie)
- · Wehleidig
- · Will nicht allein sein
- · Will sich nicht bürsten lassen, Angst
- · Zieht sich schnell zurück
- · Zu wenig Selbstvertrauen

Mustard ist die Lichtblüte – der Farbe Türkis zugeordnet. Foto: IPO

21. Mustard – Wilder Senf (Sinapis arvensis)

Der Mustard-Hund ist gekennzeichnet durch seine wechselnden Stimmungen. Wir Menschen sagen dazu: himmelhoch jauchzend, zu Tode betrübt.

Heute frisst der Hund sein Futter mit Begeisterung, morgen möchte er überhaupt nichts. Es steckt jedoch nachweislich keine Krankheit dahinter. Beim Spiel und beim Spazierengehen ist es genauso. Einmal macht der Hund freudig mit, das nächste Mal muss man ihn regelrecht hinterherziehen.

Er hat einfach keine Lust. Der Hund zeigt ganz plötzlich Interesselosigkeit am Geschehen um ihn herum.

Blüten – Charakter – Symptome

Was gestern noch sein Lieblingsfutter war, will er heute nicht mehr anrühren. Foto: Ulrike Schanz

Der Mustard-Hund betreibt Selbstverstümmelung. Er beknabbert sich an verschiedenen Körperstellen, bis diese sogar bluten. Einen erkennbaren Grund für sein Verhalten und seine Gemütsschwankungen gibt es nicht.

Jeder Hund hat Zeiten, in denen er weniger frisst, sich weniger bewegt oder nicht so gerne spielt. An und für sich ist das normal und es genügen etwas mehr Zuneigung, Zeit und gutes Zureden vom Besitzer, um das wieder in den Griff zu bekommen. Mustard wird eher selten beim Hund eingesetzt. Sollten diese Stimmungsschwankungen jedoch länger anhalten, wird es sinnvoll, sich Gedanken über die Ursache zu machen. Es kann auch eine nicht artgerechte Haltung vorliegen oder der Hund hat schlimme Erlebnisse durchgemacht, bevor er zu seinem jetzigen Besitzer kam. Ein längerer Aufenthalt im Tierheim kann unter Umständen auch zu solchen Stimmungsschwankungen führen. Mit Mustard kann man helfen, damit die traurigen Stimmungen des Hundes durch längere Gabe des Mittels seltener bis nie mehr auftreten.

Symptome
- Akute Erkrankungen (Begleittherapie)
- Allergien durch nicht artgerechte Haltung (Begleittherapie)
- Anfällig für Krankheiten
- Antriebslosigkeit
- Appetitlosigkeit
- Automutilation, Selbstverstümmelung
- Bei Besitzerwechsel
- Beißt sich Fell aus
- Benagt ohne Grund immer wieder gleiche Körperstelle, bis sie blutet
- Bewegt sich langsam, wenig
- Bewegungsunlust
- Erhöhtes Schlafbedürfnis
- Fehlende Motivation
- Herzerkrankungen (Begleittherapie)
- Interesselosigkeit
- Ist passiv, phlegmatisch
- Keine Vitalität
- Kontaktschwierigkeiten
- Krankheiten, plötzlich auftretend (Begleittherapie)
- Labiler Gemütszustand

- Launisch
- Lustlosigkeit
- Mangelndes Interesse
- Mangelndes Interesse an der Gegenwart
- Periodisch auftretende Antriebsschwäche
- Reserviertheit
- Schilddrüsenunterfunktion (Begleittherapie)
- Selbstzerstörerisch, benagt sich selbst
- Stimmungsschwankungen
- Trägheit
- Verstopfung (Begleittherapie)
- Völlige Bewegungsunlust
- Wirkt abwesend
- Wirkt niedergeschlagen

Oak ist die Entspannungsblüte – der Farbe Orange zugeordnet. Foto Dr. Aichele

22. Oak – Eiche (Quercus robur)

Der Oak-Hund ist extrem ausdauernd und lernwillig. Er will ständig beschäftigt werden, zeigt jedoch nicht an, wann er erschöpft ist und eigentlich Ruhe benötigt. Sobald man dem Hund eine Aufgabe stellt oder mit ihm spielt, ist er wieder im vollen Einsatz. Er ist zu temperamentvoll und lässt sich sehr leicht überfordern.

Der Oak-Hund ist sehr selbstbewusst und gehört überwiegend zu den Alphatieren. Er ist kein Raufer. Andere Hunde, die guten Sozialkontakt zu ihren Artgenossen pflegen, werden den Oak-Hund kaum provozieren. Die Körpersprache und Mimik des Oak-Hundes ist sehr deutlich. Dagegen kann es bei Hunden, die kaum oder sehr selten Kontakte mit ihren Artgenossen haben, durchaus zu Auseinandersetzungen mit einem Oak-Hund kommen. Der Oak-Hund hat ein starkes Durchhaltevermögen. Dies kann zu

Symptome
- Altersbeschwerden (Begleittherapie)
- Anspannung
- Arthritis, Arthrose (Begleittherapie)
- Ausgelaugt
- Bei langwieriger, schwerer Krankheit (Begleittherapie)
- Bei Tieren, die aus der Leistung herausgenommen werden
- Bewegungsunlust durch Verspannung der Muskulatur
- Braucht immer eine Beschäftigung
- Chronische Krankheiten, neigt zu Rückfällen (Begleittherapie)
- Deckschwäche, zu häufig gedeckt
- Eigensinnig
- Erschöpft, macht trotzdem weiter

Ein Oak-Hund gibt nie auf, auch wenn er völlig erschöpft ist.
Foto: Ulrike Schanz

Krankheiten führen, da sich der Hund keine Ruhe gönnt. Die Energiespeicher des Organismus können sich kaum regenerieren. Man bemerkt erst spät, dass der Hund regelrecht ausgelaugt ist.

Der Hund legt eine unnatürliche Ausdauer an den Tag. Der Besitzer muss den Hund in seinem Tatendrang bremsen, von selbst gibt der Oak-Hund keine Ruhe und es kann zu einem völligen körperlichen Zusammenbruch kommen. Krankheiten oder beginnende Schwächezustände lässt sich der Hund nicht anmerken, hier ist er ähnlich wie der Agrimony-Hund. Man übersieht auch beim Oak-Hund sehr leicht den Schweregrad der Erkrankung.

Muss der Hund wegen seines Alters oder seines Gesundheitszustandes keine Leistung mehr bringen, sollte man ihm mit Oak helfen, um mit der veränderten Situation fertig zu werden.

- Erschöpfung
- Fehlende Entspannung
- Fehlende Kraft
- Gönnt sich keine Ruhe
- Husten (Begleittherapie)
- Hyperaktiv
- Ist meistens Anführer, Alphahund
- Knochenprobleme (Begleittherapie)
- Körperlich überanstrengt
- Langeweile (Umstände und Haltungsbedingungen ändern)
- Launisch im Alter, kann nicht mehr aktiv sein
- Magenschleimhautentzündung (Begleittherapie)
- Muskeldegeneration, -schwund (Begleittherapie)
- Muskelverspannungen (Begleittherapie)
- Mutet sich trotz Krankheit zu viel zu
- Nervosität, ist nervös
- Resignation
- Schilddrüsenüberfunktion (Begleittherapie)
- Schwaches Bindegewebe (Begleittherapie)
- Starker Bewegungs- und Beschäftigungsdrang
- Überbelastung, kommt jeder Aufforderung nach
- Übertriebene Begeisterung
- Vermisst alte Gewohnheiten, Sport- oder Diensthund im Ruhestand
- Verspannungen (Begleittherapie)
- Verstopfung (Begleittherapie)
- Wirbelsäulenbeschwerden (Begleittherapie)
- Zu temperamentvoll
- Zusammenbruch durch Überlastung (Begleittherapie)

*Olive ist die Genesungsblüte – der Farbe Türkis zugeordnet.
Foto: Andreas Bock, Institut für Bachblütentherapie*

23. Olive – Olive
(Olea europaea)

Der Olive-Hund ist müde, bisweilen apathisch, hat keine Energie mehr und schläft sehr viel. Er ist nicht mehr zu motivieren und lässt alles klaglos mit sich geschehen.

Jeder Hund kann einmal an die Grenzen seiner Belastbarkeit gelangen. Beispiele gibt es dafür genug: eine sehr schwere, lange Krankheit, nach einer schweren Geburt oder nach einer Operation. Der Hund reagiert häufig mit Appetitmangel, er will nichts fressen. Zwingen Sie Ihren Hund nicht zum Fressen. Futter verdauen bedeutet für den Organismus Energieverbrauch, doch der Olive-Hund hat momentan keine Energiereserven. Fressen würde ihn noch mehr schwächen. Allerdings darf das nicht zu lange andauern. Flüssigkeitsaufnahme ist das Allerwichtigste!

Der Hund braucht in dieser Phase Ruhe. Große Anstrengungen sind nichts für ihn. Der Olive-Hund zieht sich bei Krankheit oder Schwäche gern zurück.

Seelische Traumen können ebenfalls als Auslöser gesehen werden; wenn der Hund beispielsweise schlecht behandelt wurde oder bereits mehrere Besitzerwechsel erdulden musste, kann er in Apathie und Energielosigkeit absinken. Schwere Geburten mit nachfolgender Appetitlosigkeit zählen ebenso in das Olive-Bild. Anfällig für diese starke Energielosigkeit ist eher der labile und sensible Hund als ein robustes Tier.

Olive ist eine wichtige Blüte in der Rekonvaleszenz. Gönnen Sie Ihrem Hund einfach bei Krankheit, Überanstrengung oder Schwächezuständen das Wichtigste, nämlich die Erholungsphase. Mit Hornbeam und Olive kann man dem Hund unterstützend weiterhelfen.

Symptome
- Abgeschlagen, ausgelaugt
- Abmagerung (Ursache abklären!)
- Abwehrschwäche, unterstützt Immunsystem (Begleittherapie)
- Alle Energiereserven sind verbraucht
- Allgemein geschwächt, seelisch wie körperlich
- Anfällig für Infektionskrankheiten (Begleittherapie)
- Angeborene Schwäche des Bewegungsapparates
- Anhaltende Müdigkeit
- Antriebsschwäche

Ausgelaugt durch Krankheit oder seelische Belastung hat der Olive-Hund zu nichts mehr Kraft. Foto: Christine Steimer

- Apathie (Begleittherapie)
- Appetitlosigkeit
- Arthritis, Arthrose (Begleittherapie)
- Atemwegserkrankungen (Begleittherapie)
- Augenausdruck: hoffnungslos
- Bewegungsunlust
- Bindegewebsschwäche (Begleittherapie)
- Chronische Erkrankungen (Begleittherapie)
- Deckschwäche
- Durchfall (Begleittherapie)
- Energielosigkeit
- Entkräftung, zum Beispiel durch Blutverlust, Durchfall, Säugen von Welpen (Begleittherapie)
- Erhöhtes Schlafbedürfnis
- Erschöpfung, Reserven aufgebraucht
- Erschöpfungszustände (Begleittherapie)
- Fehlende körperliche Kraft
- Fehlende Muskelkraft (Begleittherapie)
- Fehlende Vitalität
- Fieber bei Schwäche (Begleittherapie)
- Frisst nicht aus Erschöpfung
- Geburt – bei totaler Erschöpfung (Begleittherapie)
- Gelenkschwäche (Begleittherapie)
- Geschwächtes Immunsystem
- Gestörte Leber- oder Nierenfunktion (Begleittherapie)

- Haarausfall (Ursache abklären! Begleittherapie)
- Herzerkrankungen (Begleittherapie)
- Körperlicher Zusammenbruch (Begleittherapie)
- Kraftlosigkeit
- Krankheitsanfällig
- Lang andauernde, schwächende Geburt (Begleittherapie)
- Mangelerscheinungen nach Fehlernährung (Futter unbedingt ändern! Begleittherapie)
- Muskeldegeneration (Begleittherapie)
- Nach anstrengendem Training
- Nach langer, schwerer Krankheit
- Nierenerkrankungen, gestörte Funktion (Begleittherapie)
- Regt Selbstheilungskräfte an
- Rekonvaleszenz
- Resignation, Hund lasst alles mit sich machen
- Schlecht heilende Wunden (Begleittherapie)
- Schwäche (Begleittherapie)
- Sehnenschwäche (Begleittherapie)
- Überbelastung, ist überanstrengt
- Untergewicht (Begleittherapie)
- Vor und nach Operationen (Begleittherapie)
- Zieht sich zurück
- Zur Stärkung des gesamten Organismus, Sehnen, Bänder, Gelenke (Begleittherapie)

24. Pine – Gemeine Kiefer (Pinus sylvestris)

Der Pine-Hund fällt durch seine schuldbewusste und unterwürfige Art auf. Er gibt einem das Gefühl, als erwarte er ständig Strafe.

Seine Körperhaltung zeigt Unsicherheit, Angst und Unterwürfigkeit. Der Rücken ist meist leicht nach oben gekrümmt und der Schwanz zwischen den Hinterbeinen eingezogen. Spricht man den Pine-Hund mit etwas lauterer Stimme an, verkriecht er sich mit gesenktem Kopf und eingezogenem Schwanz in eine Ecke oder unter den Tisch. Schon ein strafender Blick bringt den Pine-Hund dazu, sich zu unterwerfen. Hält man zwei oder mehr Hunde miteinander, kann es leicht geschehen, dass man den Pine-Hund für Missetaten verantwortlich macht. Er ist es, der schuldbewusst in eine Ecke kriecht, wenn zum Beispiel ein Hausschuh oder ein Sofakissen angenagt ist oder eine Pfütze den Wohnzimmerteppich tränkt. Dabei war er gar nicht der Übeltäter. Besitzer mehrerer Hunde brauchen manchmal sehr lange, bis sie dahinter kommen. In seiner Unsicherheit benagt er sich selbst und reißt sich das Fell aus. Wenn der Hund allein bleiben muss, packt ihn oft die Zerstörungswut. Er zerfleddert dann schon einmal Schuhe, Kissen oder Teppiche.

Der Pine-Hund hat es auch bei seinen Artgenossen nicht leicht. Durch seine eher unterwürfige und unsichere Körperhaltung wird er leider allzu gerne von seinen Artgenossen als „potenzielles Opfer" angenommen, von ihnen angegriffen und unterdrückt. Das Selbstvertrauen des Pine-Hundes ist nicht stark ausgeprägt.

Die schuldbewusste und unterwürfige Art des Hundes entsteht oft durch zu strenge oder unge-

Pine ist die Selbstachtungsblüte – der Farbe Orange zugeordnet.
Foto: Dr. Aichele

Ein Pine-Hund fürchtet Tadel und reagiert darauf überempfindlich. Foto: Ulrike Schanz

rechte Erziehung. Misshandlungen spielen hier ebenfalls eine große Rolle.

Der Pine-Hund ist ein Sensibelchen. Bei Rudelhaltung wird man ihn nicht als Alphatier finden. Er ist kein Leittier und wird auch kaum versuchen, die Rangordnungsleiter zu erklimmen.

Er geht gerne mit spazieren und lässt sich auch sonst recht gut motivieren. Beim Spaziergang oder beim Spielen ist er jedoch etwas zurückhaltend. Er lebt sein Temperament nicht voll aus. Daran hindern ihn seine Angst und Unsicherheit. Der Pine-Hund ist zu Menschen kontaktfreudig und genießt jede Art von Aufmerksamkeit.

Bei der Erziehung dieses Hundes muss man auf ein ruhiges Umfeld achten und ihn durch positive Erfahrungen aufbauen. Macht der Hund Fehler bei seinen Übungen, braucht man nicht gleich strafen und laut werden. Eine ruhige Wiederholung der Übung mit der nötigen Konsequenz reicht völlig aus. Sonst wird er nur noch unsicherer und verliert endgültig das Vertrauen zu seinem Besitzer. Zurechtweisungen können auch mit ruhiger Stimme gegeben werden! Der Hund braucht Erfolge (und seien sie noch so klein) und Vertrauen zu seinem Besitzer. Nur so begreift er allmählich, dass ihm nichts Böses geschieht.

Symptome
· Allergien
· Ängstlichkeit
· Anspannung
· Arthritis, Arthrose (Begleittherapie)

- Augenausdruck: hilflos und unsicher
- Autoimmunerkrankungen (Begleittherapie)
- Bei lauten Stimmen – verkriecht sich
- Beißt sich Fell aus (Ersatzhandlung)
- Blasenstörung (Begleittherapie)
- Chronische Bronchitis (Begleittherapie)
- Demutsurinieren
- Empfindlich
- Erschöpfung
- Fehlende Selbstachtung
- Fehlendes Vertrauen nach schlechter Erfahrung
- Fehlendes Zutrauen, Vertrauen
- Geduckte Körperhaltung
- Gelenkschwäche (Begleittherapie)
- Gestörtes Sozialverhalten – lässt sich alles gefallen
- Ist vorsichtig, reserviert
- Lässt sich von Artgenossen unterdrücken
- Macht schuldbewussten Eindruck
- Mangelndes Selbstvertrauen
- Mutlos
- Nach überstandener Misshandlung
- Nachts unsauber
- Protestpinkeln
- Scheu, schüchtern
- Schreckhaftigkeit
- Selbstverstümmelung
- Sucht Aufmerksamkeit
- Überempfindlich gegen Tadel
- Unsauberkeit, meldet sich nicht aus Angst
- Unsicherheit
- Unterwürfige Körperhaltung
- Versteckt sich ständig
- Wirkt hilflos
- Wurde gequält, leidet noch
- Wurde zu streng erzogen, behandelt
- Zerstörungswut
- Zuckt bei jedem Geräusch zusammen

Red Chestnut ist die Abnabelungsblüte – der Farbe Gelb zugeordnet. Foto: IPO

25. Red Chestnut – Rote Kastanie (Aesculus carnea)

Der Red-Chestnut-Hund hat einen stark ausgeprägten Beschützerinstinkt. Hier fällt besonders die Hündin auf, die gerade Welpen versorgt. Sie bewacht ihre Welpen argwöhnisch und lässt weder den Besitzer noch fremde Personen zu ihren Jungen. Sobald man ihr zu nahe kommt, knurrt sie und zeigt die Zähne. Versucht man es als Fremder dennoch, so kann sie durchaus beißen.

Der Red-Chestnut-Hund pflegt eine extrem innige und feste Beziehung zu seinem Besitzer oder einem anderen Tier. Er lässt keinen anderen zu seinem Besitzer hin. Geht jemand auf den Besitzer zu, dann knurrt und droht der Hund schon von weitem. Er sieht in allem, was auf seinen Besitzer zugeht, eine Gefahr oder Bedrohung. Dem Hund fällt es schwer zu unterscheiden, ob es sich um eine normale Annäherung oder tatsächlich eine Bedrohung handelt.

Muss der Red-Chestnut-Hund ohne seine Bezugsperson daheim bleiben, so erweckt er den Eindruck, als würde ihn nur noch ein Gedanke beschäftigen: Wann kommt Herrchen/Frauchen endlich nach Hause? Er liegt nur wartend da und starrt mitunter die ganze Zeit auf die Eingangstür, obwohl noch andere Familienmitglieder daheim sind. Allein zu Hause jammert, winselt und bellt er die meiste Zeit. Falls die Bezugsperson regelmäßig zur gleichen Zeit nach Hause kommt, wird der Red-Chestnut-Hund kurz vor der üblichen Zeit unruhig und nervös, er gerät richtig unter Stress.

Beim Spazierengehen mit der ganzen Familie legt der Red-Chestnut-Hund eine andere „Unart" an den Tag: Er versucht dauernd seine Familie zusammenzutreiben. Er wird nervös, sobald sich ein Familienmitglied etwas von der Gruppe entfernt, zurückbleibt, vorausläuft oder sich ein Teil der Personen in eine andere Richtung bewegt. Der Hund umkreist seine Leute und bellt aufgeregt. Bei solchen Situationen kann es vorkommen, dass der Hund sogar droht oder den Abtrünnigen in die Waden zwickt, um wieder alle zusammenzubekommen. Geht seine Bezugsperson mit ihm alleine spazieren, wird sie von dem Hund ständig umkreist. Dies alles zeigt seine übergroße Fürsorge an, ein Zeichen seines übersteigerten Beschützerinstinkts.

Meistens hat der Red-Chestnut-Hund bereits Verluste erlebt und nicht verkraftet. Das erste einschneidende Erlebnis dieser Art kann eine sehr

Übertriebene Fürsorge für seine Jungen oder seinen Besitzer ist typisch für einen Red-Chestnut-Hund. Foto: Ulrike Schanz

frühe Trennung von der Mutter gewesen sein. Daraus kann sich Angst vor weiteren Verlusten bilden und als Reaktionsweise ein ausgeprägtes Beschützerverhalten entwickeln.

Symptome
· Abhängig von Bezugsperson
· Aggressionen
· Angst vor dem Alleinsein
· Ängstlich
· Anhänglich
· Atemwegserkrankungen (Begleittherapie)
· Bei allen Folgezuständen von Stress
· Beißt schnell zu bei vermeintlicher Bedrohung seiner Bezugsperson
· Empfindlich
· Erschöpfung
· Extremes Beschützerverhalten
· Fehlende Gelassenheit
· Gieriger Fresser
· Herzerkrankungen (Begleittherapie)
· Hundemutter lässt Besitzer und Fremde nicht zu Welpen
· Hundemutter trägt Welpen ständig in neues Versteck
· Kann nicht allein sein, jammert, bellt
· Knurrt auch Partner der Bezugsperson an
· Nervöse Unruhe
· Rheuma (Begleittherapie)
· Ruhelos
· Scheinträchtigkeit (Begleittherapie)
· Schlaflosigkeit
· Sucht Zuneigung
· Überfürsorglichkeit
· Übergewicht (Begleittherapie)
· Übertriebene Sorge um Nachwuchs
· Übertriebener Schutztrieb
· Unruhezustände

Rock Rose ist die Friedensblüte – der Farbe Gelb zugeordnet. Foto: Dr. Aichele

26. Rock Rose – Gelbes Sonnenröschen (Helianthemum nummularium)

Der Rock-Rose-Hund ist in seinem Wesen ängstlich und instabil. Der Hund hat sehr schnell vor Unbekanntem oder nach negativen Erlebnissen Angst, sogar extreme Angst.

Möglicherweise wuchs dieser Hund abgeschirmt von seiner Umwelt auf und konnte somit die „normalen" Begebenheiten im Leben wie Autos, Straßenlärm oder eine größere Menschenmenge nicht vernünftig kennen lernen. So reagiert er beispielsweise auf Autos mit Panik.

Blüten - Charakter - Symptome 77

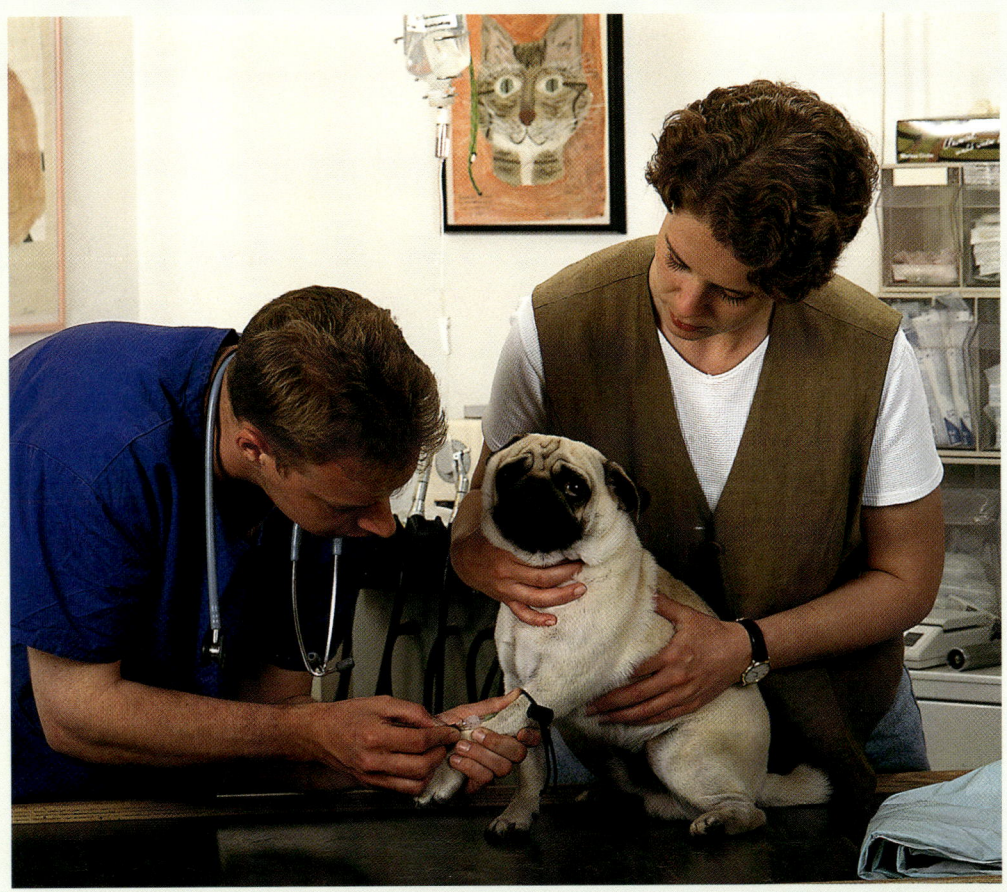

Ein Rock-Rose-Hund hat schnell so starke Ängste, dass er in Panik gerät. Foto: Ulrike Schanz

Zwei Reaktionsweisen stehen ihm zur Verfügung: entweder in Panik davonlaufen oder wie gelähmt stehen bleiben. Das für ihn negative Erlebnis prägt sich fest ein. Ist er dieser Situation dann erneut ausgesetzt, reagiert der Rock-Rose-Hund statt gelassener zu sein noch heftiger mit Panik.

Für den Rock-Rose-Hund sind viele kleine, unvorhersehbare Ereignisse furchteinflößend. Sie bringen ihn rasch aus der Fassung.

Er muss sehr langsam und behutsam an neue, ungewöhnliche Situationen herangeführt werden.

Oftmals ist beim Rock-Rose-Hund ein Trauma, wie zum Beispiel ein Unfall, oder ein negatives Erlebnis vorausgegangen. Situationen, die bei einem labilen Hund derartige Verhaltensweisen hervorrufen können, sind unter anderem Unfälle, schwere Stürze, Schock und schwere psychische und physische Misshandlungen.

Nach Unfällen, Bewusstlosigkeit, Schock und Ähnlichem sollte man unbedingt Rock Rose oder die Notfalltropfen geben. Rock Rose ist ein Bestandteil der Notfalltropfen.

Auch einem Hund, der einen elektrischen Schlag durch einen Weidezaun bekommen hat und danach panisch umherrennt, kann mit Rock Rose geholfen werden. Wenn der Hund panisch reagiert, hört und sieht er in den meisten Fällen nicht mehr, was um ihn herum geschieht. Falls Sie als Besitzer den Hund greifen können und versuchen, ihn zu beruhigen, kann diese Aktion noch größere Panik hervorrufen und Ihr Hund kann durchaus beißen. Für den Hund, der sich eigentlich auf der Flucht befindet, stellt das Festgehaltenwerden eine weitere Bedrohung dar. Der Hund reagiert in dieser Situation nicht mehr normal. Ständige dumpfe Schmerzen können einen Hund ebenfalls überempfindlich werden lassen und in extreme Angstzustände versetzen.

Symptome
- Aggressionen aus Panik
- Akute Angst
- Allergische Schockreaktionen, zum Beispiel nach Insektenstich (Begleittherapie)
- Alpträume
- Angst vor dem Festgehaltenwerden, auch beim Tierarzt
- Angstbeißer
- Arthritis, Arthrose (Begleittherapie)
- Asthma (Begleittherapie)
- Augenausdruck: weit aufgerissen, panisch
- Bei plötzlicher Krankheit (Begleittherapie)
- Bei Unfällen aller Art (Begleittherapie)
- Beim Autofahren – Erbrechen, Panik
- Beißt aus Angst, Panik
- Bewusstseinsstörungen (Begleittherapie)
- Blankes Entsetzen
- Blutungen – bis zum Eintreffen beim Tierarzt (Begleittherapie)
- Diabetischer Schock mit Ohnmacht (Begleittherapie)
- Durchfall aus Angst, Panik (Begleittherapie)
- Extreme Angst bei Tierarztbesuch, durch Lärm, bei Festveranstaltungen
- Fehlende innere Ruhe
- Fluchtreaktion aus Angst
- Gewitterangst
- Hat nach Panikanfall Blase nicht mehr unter Kontrolle (Begleittherapie)
- Hitzschlag (Begleittherapie)
- Hysterie, ist hysterisch
- Körperlicher Zusammenbruch (Begleittherapie)
- Krämpfe (Begleittherapie)
- Lähmungen durch Panik, Schock (Begleittherapie)
- Länger andauernder Durchfall nach Unfall (Begleittherapie)
- Magen-Darm-Erkrankungen, plötzlich und heftig auftretend (Begleittherapie)
- Nach heftigem Schreck, Erschrecken
- Nach Unfall
- Panikartige Zustände, Panikattacken
- Pupillen sind maximal geweitet
- Ruhelosigkeit
- Schock (Begleittherapie)
- Schussangst
- Schwerer Schock mit Bewusstlosigkeit (Begleittherapie)
- Sonnenstich (Begleittherapie)
- Starr vor Angst, Panik
- Starrer, ängstlicher Blick
- Steif, wie gelähmt vor Angst
- Stürmt in Panik davon
- Übelkeit, Erbrechen und Panik beim Autofahren
- Unterkühlung (Begleittherapie)
- Verkriecht sich nach Schockerlebnis
- Verspannungen, Verkrampfungen (Begleittherapie)
- Zittert aus Angst

Rock Water ist die Toleranzessenz – der Farbe Grün zugeordnet. Foto: Andreas Bock, Institut für Bachblütentherapie

27. Rock Water – heilkräftiges Quellwasser

Der Rock-Water-Hund ist nicht leicht zu beschreiben. Es ist ein Hund, der seinen Aufgaben mit großer Ernsthaftigkeit nachkommt. Seine Körperhaltung wirkt ständig angespannt und im Tagesablauf herrscht für den Hund Routine vor. Auf Veränderungen reagiert er unflexibel, so auch bei einem Ortswechsel. Er will sich scheinbar neuen Gewohnheiten nicht anpassen.

Der Rock-Water-Hund liebt seine Gewohnheiten, von denen er kaum ablässt, zum Beispiel Gassigehen verbunden mit Ballspielen morgens um neun Uhr. Wenn sein Besitzer die Zeit ändert oder aus Krankheitsgründen das Ballspielen weglässt, setzt sich der Rock-Water-Hund hin, spielt den Beleidigten oder geht während des Spaziergangs einfach nicht weiter, da für ihn im Ablauf etwas nicht stimmt.

Wird ein Hund im Alter sehr stur, ist es in sehr vielen Fällen ein Rock-Water-Hund, dem man Altersstarrsinn zuschreiben darf. Er glaubt einfach nicht, dass er nicht mehr über Gräben springen oder extrem lange Spaziergänge unternehmen kann. Immer wieder probiert er es aus und zieht sich dadurch häufig Verletzungen zu.

Diesem Hund fällt es schwer zu akzeptieren, dass bisher gewohnte Aktionen mit seinem Besitzer mit einem Mal nicht mehr stattfinden. Er setzt einen Blick auf, als hätte man ihn bestraft.

Aber schon im jungen Alter ist der Rock-Water-Hund zu erkennen. Er mag es nicht, wenn man sich ihm einfach nähert, um mit ihm zu spielen oder zu balgen. Dem Spiel entzieht er sich, indem er aufsteht und weggeht. Der Rock-Water-Hund macht es seinem Besitzer schwer, eine innige Beziehung zu ihm aufzubauen. Manchmal schaut der Hund seinen Besitzer wie durch eine

Bei „ernster" Arbeit blüht der Rock-Water-Hund auf und überfordert sich leicht. Foto: INFOHUND Eva-Maria Krämer

Symptome
- Allergien (Begleittherapie)
- Altersstarrsinn
- Angespannt, emotional wie körperlich
- Arthrose, Arthritis (Begleittherapie)
- Atemwegserkrankungen (Begleittherapie)
- Bei Überbelastung, Hund kann sich nicht entspannen
- Beißt sich Fell aus (Ersatzhandlung)
- Berührungsempfindlichkeit
- Darmkrämpfe (Begleittherapie)
- Degenerative Gelenkerkrankungen (Begleittherapie)
- Einzelgänger
- Epilepsie (Begleittherapie)
- Fellwechselprobleme
- Fressstörungen
- Fruchtbarkeitsstörungen (Begleittherapie)
- Gelenkerkrankungen (Begleittherapie)
- Hat ausgeprägte Gewohnheiten
- Heimweh
- Herzerkrankungen (Begleittherapie)
- Husten, stark und plötzlich (Begleittherapie)
- Innere Anspannung
- Intoleranz, gegen sich selbst gerichtet
- Kann sich schlecht auf neue Situationen einstellen
- Kontaktschwierigkeiten
- Krampfartige Beschwerden (Begleittherapie)
- Krämpfe durch Anspannung (Begleittherapie)
- Magen-Darm-Erkrankungen (Begleittherapie)
- Mangelnde Flexibilität
- Muskelverspannungen (Begleittherapie)
- Nervosität
- Nicht oder kaum beeinflussbar

Glaswand getrennt an. Für „ernste" Aufgaben wie Agility oder Fährtensuche lebt er dagegen richtig auf. Hier sieht er scheinbar eine wichtige Aufgabe für sich.

Er nimmt auch während einer Ausbildung selten ein Leckerli als Belohnung, sondern fiebert schon wieder seiner nächsten Aufgabe entgegen. Hierbei kann er sich richtig hineinsteigern und lässt sich dadurch leicht überfordern.

Durch seine starre Lebenshaltung und der daraus folgenden Anspannung neigt der Rock-Water-Hund zu Verkrampfungen und Gelenkproblemen.

Um als Besitzer an den Rock-Water-Hund heranzukommen bedarf es großer Geduld. Der Hund wird die Annäherungsversuche lange ablehnen und zurückweisen.

Genauso schwer ist es, ihn zum Spielen zu bewegen, aber mit viel Geduld wird auch das gelingen.

Scleranthus ist die Gleichgewichtsblüte – der Farbe Rot zugeordnet. Foto: Andreas Bock, Institut für Bachblütentherapie

- Rheuma (Begleittherapie)
- Starrer, maskenhafter Gesichts- und Augenausdruck
- Stereotypien – zum Beispiel Bewegungsdrang
- Sturheit
- Unkonzentriertheit
- Unnachgiebig
- Unnatürlich angespannte Körperhaltung
- Unruhe
- Untergewicht (wichtig, Ursache abklären! Begleittherapie)
- Verspannungen (Begleittherapie)
- Verstopfung (Begleittherapie)
- Will keine Streicheleinheiten
- Will nicht spielen
- Wirkt steif und ungelenk
- Zeigt selten „Spielgesicht"

28. Scleranthus – Einjähriger Knäuel (Scleranthus annuus)

Der Scleranthus-Hund zeichnet sich durch seine Wechselhaftigkeit in seinen Handlungen und in seinem Wesen aus. Er ist unausgeglichen und sprunghaft, auch seine Stimmungen wechseln von einem Moment zum anderen. Soeben spielte er noch mit Begeisterung, im nächsten Augenblick steht er traurig und lustlos herum. Im Grunde lernt er leicht und gerne, aber der Hund hat keine Ausdauer. Man hat den Eindruck, er könne sich nicht konzentrieren. Der Scleranthus-Hund ist sehr leicht ablenkbar. Das Fressverhalten dieses Hundes ist genauso schwankend. Erst frisst er eine Zeit lang dieselbe Futtersorte mit Leidenschaft, plötzlich rührt er sie dann partout nicht mehr an. Er verlässt angewidert den Futterplatz.

Typisch für einen Scleranthus-Hund: Er ist unschlüssig und unausgeglichen. Foto: Christine Steimer

Der Scleranthus-Hund lässt sich eigentlich gerne streicheln, trotzdem kann es geschehen, dass er während des Streichelns urplötzlich ohne ersichtlichen Grund beißt.

Es geht eine große Unruhe vom Scleranthus-Hund aus. Selbst wenn er schläft, sein Besitzer jedoch aufsteht und sich bewegt, läuft der Scleranthus-Hund sofort hinterher. Dieser Hund würde sehr gerne spielen, aber dabei tritt sein nächstes Problem auf den Plan: Liegen mehrere Spielsachen oder beim Spazierengehen mehrere Stöckchen herum, so steht der Hund davor und weiß nicht mehr, was er davon zum Spielen nehmen soll. Er kann sich nicht entscheiden. Somit gibt es für den Scleranthus-Hund nur eine Möglichkeit, den Konflikt zu lösen – er spielt überhaupt nicht.

Instinktverluste wie zum Beispiel Übergriffe auf Welpen findet man häufiger beim Scleranthus-Hund. Sein Wesen ist sehr unausgeglichen, sei es zu Artgenossen oder Menschen, ja sogar bei den eigenen Welpen. Von einer Sekunde zur nächsten kann sein erst freundliches Verhalten in Aggression oder Interesselosigkeit umschlagen.

Veränderungen in seinem direkten Umfeld stellen den Scleranthus-Hund vor Probleme. Er kann sich neuen Situationen schwer anpassen und wird dadurch unsicher. Ein beinahe typisches Krankheitsbild des Scleranthus-Hundes manifestiert sich oft in Durchfall im Wechsel mit Verstopfung.

Symptome
- Aggressionen durch fehlende innere Balance
- Allergien (Begleittherapie)
- Angst durch fehlende innere Sicherheit
- Angstbeißer
- Appetitlosigkeit
- Appetitschwankungen
- Arbeitet nur nach Lust und Laune (zum Beispiel bei der Ausbildung)
- Asthma (Begleittherapie)
- Atemwegserkrankungen (Begleittherapie)
- Bandscheibenvorfall (Begleittherapie)
- Bei Hormonumstellung nach Kastration (Begleittherapie)
- Durchfall im Wechsel mit Verstopfung (Begleittherapie)
- Erbrechen beim Autofahren
- Extremer Wechsel zwischen Aktivität und Apathie
- Fehlende Ausdauer
- Für bessere Aufzucht und Fürsorge der Welpen durch die Mutter
- Gleichgewichtsstörungen (Ursache abklären! Begleittherapie)
- Grashüpfermentalität
- Hat keine Ausdauer
- Hauterkrankungen (Begleittherapie)
- Hektisch
- Herzrhythmusstörungen (Begleittherapie)
- Hyperaktiv
- Instinktverluste
- Ist wählerisch, zum Beispiel beim Futter
- Juckreiz ohne sichtbaren Grund (Ursache abklären! Begleittherapie)
- Konzentrationsschwäche
- Krankheit – wenn mal Besserung, mal Verschlechterung eintritt (Begleittherapie)
- Kreislaufprobleme (Begleittherapie)
- Labil
- Launenhaft
- Leicht ablenkbar
- Mangelndes Vertrauen
- Muskuläre Koordinationsschwierigkeiten (Begleittherapie)
- Nächtliche Unruhe
- Nervös, hibbelig
- Ohrentzündung (Begleittherapie)
- Reizbar
- Schlecht heilende Wunden (Begleittherapie)
- Schnell überreizt, schwaches Nervensystem
- Sprunghaftes Verhalten
- Stimmungsschwankungen
- Unaufmerksamkeit
- Unausgeglichenes Wesen
- Unausgeglichenheit
- Unbeständig
- Unentschlossenheit
- Unruhe, ist unruhig
- Unruhiger Schlaf
- Unsicherheit
- Verliert schnell die Lust am Spielen
- Wandernde, wechselnde Schmerzen (Begleittherapie)
- Wechsel von Fieber und Normaltemperatur
- Wechsel zwischen Heißhunger und Appetitlosigkeit
- Wechselhafte Krankheitssymptome
- Wenig Ausdauer
- Wunden brechen immer wieder auf (Begleittherapie)
- Zur endgültigen Ausheilung bei Verletzungen (Begleittherapie)

Star of Bethlehem ist die Verarbeitungsblüte – der Farbe Orange zugeordnet. Foto: IPO

29. Star of Bethlehem – Doldiger Milchstern (Ornithogalum umbellatum)

Der Star-of-Bethlehem-Hund hat in den meisten Fällen einen schweren seelischen oder körperlichen Schock durchgemacht.

Er wirkt abwesend, als ob er uns durch eine gläserne Wand anschauen würde. Die auslösenden Traumen dazu können zum Beispiel sein: der Verlust des Besitzers oder eines vierbeinigen Kameraden, Tierheimabgabe, Unfälle, Verkehrsunfall, Operationen oder erlittene Misshandlungen. Ein Geburtsschock kann ebenfalls als Auslöser infrage kommen.

Die Reaktionsweise des Star-of-Bethlehem-Hundes auf derartige Traumen ist sehr unterschiedlich. Bei Verlust der Bezugsperson kann er sehr trauern und ist nicht mehr zu motivieren, einen Spaziergang mitzumachen. Er muss immer wieder aufs Neue ermuntert werden, um überhaupt vor die Tür zu gehen. Oft verweigert er sogar sein Futter. Der Hund wirkt resigniert. Ein anderer reagiert nach Traumen und Schockerlebnissen mit Stubenunreinheit oder Aggressivität. Der Hund versucht damit, die für ihn ausweglose Situation zu bekämpfen.

Star of Bethlehem ist die Trostblüte schlechthin.

Sie ist der Seelentröster, um dem Hund wieder etwas Hoffnung zu geben. Mit dem Star-of-Bethlehem-Hund muss man sanft umgehen, ihn lautstark zu etwas zu zwingen, bringt ihn nur in noch größere Verzweiflung. Tierheimhunde könnten fast alle diese Blüte gebrauchen, denn sie kommen sich trotz noch so großer Fürsorge ungeliebt und verlassen vor.

Symptome
- Abhängig von Bezugsperson
- Aggressionen aus Misstrauen
- Akute Schilddrüsenbeschwerden (Begleittherapie)
- Allergien (Begleittherapie)
- Alpträume
- Angst vor bestimmten Dingen nach Unfall, Trauma
- Angst vor Veränderung
- Angst, hervorgerufen durch Schreck oder Schock
- Angstbeißer bei Stress
- Apathie (Begleittherapie)
- Appetitlosigkeit durch Kummer, Trauer
- Arthritis (Begleittherapie)
- Asthma (Begleittherapie)
- Atemwegserkrankungen (Begleittherapie)
- Behandlungsbeginn bei Schock (Begleittherapie)
- Bei Kummer, zum Trost nach einschneidenden Erlebnissen
- Bei Tierheimaufenthalt
- Bei Trennung, zum Beispiel von Bezugsperson ▶

Ins Tierheim zu kommen ist für fast jeden Hund ein Trauma, das ihm lange zu schaffen macht. Foto: Ulrike Schanz

- ▸ Bei Verlust des Besitzers oder eines Artgenossen
- Beißt sich Fell aus (Ersatzhandlung)
- Blähungskrämpfe (Begleittherapie)
- Braucht Trost
- Chronischer Husten (Begleittherapie)
- Dramatisch verlaufener Besitzerwechsel
- Dünndarmbeschwerden (Begleittherapie)
- Durchfall (Begleittherapie)
- Emotional extreme Zustände, auch Eifersucht
- Epilepsie (Begleittherapie)
- Erste Hilfe bei Schock, Trauma (Begleittherapie)
- Extreme Angst
- Fehlende Antriebskraft, Motivation
- Fühlt sich nach schlechten Erfahrungen schnell bedroht
- Futterverweigerung
- Geburtsschock (Begleittherapie)
- Gefühllos nach Schock (Begleittherapie)
- Gelenksteife (Begleittherapie)
- Geschwüre (Begleittherapie)
- Gibt sich selbst auf
- Haarausfall, zwei bis drei Monate nach Schockerlebnis (Begleittherapie)
- Hauterkrankungen (Begleittherapie)
- Heimweh bei Umzug, Tierpension oder Tierheim
- Herzerkrankungen (Begleittherapie)
- Hoffnungslosigkeit
- Hörstörung (Begleittherapie)
- Hysterisch durch Schockerlebnis
- Jammert den abgegebenen Welpen hinterher
- Kann Schock oder schlimmes Erlebnis nicht verarbeiten (auch lange danach)
- Kontaktschwierigkeiten
- Labilität, ist labil
- Lässt sich nicht trösten oder beruhigen nach Schock
- Liebebedürftig, sucht und braucht Trost
- Lindert seelischen Schmerz
- Lymphstau (Begleittherapie)
- Misstrauen, ist misstrauisch
- Muskelverkrampfungen (Begleittherapie)
- Nach schweren Unfällen (Begleittherapie)
- Nach unerträglichen Qualen, physisch wie psychisch
- Nach Unfall (Begleittherapie)
- Nervös, überreizt
- Nierenerkrankungen (Begleittherapie)
- Posttraumatisches Stresssyndrom: Ähnliches löst gleiche Angst oder Stress aus (Geräusch oder Ähnliches)
- Resignation
- Rheuma (Begleittherapie)
- Scheu, fühlt sich in die Enge getrieben
- Schilddrüsenüberfunktion (Begleittherapie)
- Schlecht heilende Wunden (Begleittherapie)
- Schmerzempfindlich bei Schock (Begleittherapie)
- Schmerzen (Begleittherapie)
- Schockfolgen wie zum Beispiel Haarausfall (Begleittherapie)
- Steife Gelenke (Begleittherapie)
- Traurige Benommenheit
- Traurigkeit
- Trennungsschmerz
- Überempfindlich
- Um Angst abzubauen nach Quälereien
- Unsauberkeit
- Verdauungsbeschwerden nach Schock (Begleittherapie)
- Verkriecht sich schnell
- Verspannungen (Begleittherapie)
- Verstopfung (Begleittherapie)
- Wie gelähmt durch Schock, Trauma

Blüten – Charakter – Symptome

Sweet Chestnut ist die Lebensblüte – der Farbe Orange zugeordnet. Foto: Andreas Bock, Insitut für Bachblütentherapie

30. Sweet Chestnut – Edel- oder Esskastanie (Castanea sativa)

Der Sweet-Chestnut-Hund hat in den meisten Fällen bereits schweres Leid hinter sich. Er macht einen völlig erschöpften und resignierten Eindruck. Fressen, Spielen oder Spazierengehen interessiert ihn nicht mehr. Er versteckt sich oft in den dunkelsten Ecken, um allein sein zu können. Man hat das Gefühl, als wolle dieser Hund nicht mehr leben, er hat sich aufgegeben. Der Sweet-Chestnut-Hund ist ein Häufchen Elend.

Der Hund kann durch schwere Krankheit oder durch nicht artgerechte Haltung in diesen Zustand abrutschen. Der Tod seiner Bezugsperson kann ebenfalls ein Auslöser sein, wenn die Beziehung der beiden sehr eng war. Der Sweet-Chestnut-Hund würde sich am liebsten neben das Grab seiner Bezugsperson legen und auf den eigenen Tod warten. Er verliert durch dieses Ereignis selbst den Lebensmut.

Landet der Hund in einem Tierheim, so liegt er teilnahmslos in einer Ecke und kümmert sich nicht mehr darum, was um ihn herum geschieht. Seine Augen zeigen einen extrem traurigen und hoffnungslosen Blick.

Mit Artgenossen möchte der Sweet-Chestnut-Hund kaum Kontakt. Er zieht sich lieber zurück.

Symptome
- Abgemagert durch Trauer
- An der Grenze der Belastbarkeit
- Angst
- Antriebslosigkeit
- Apathie (Begleittherapie)
- Appetitlosigkeit
- Augen wirken kraft- und glanzlos
- Augenausdruck: hoffnungslos
- Ausweglosigkeit
- Bei einschneidenden Veränderungen
- Bei schweren Erkrankungen (Begleittherapie)
- Besitzerwechsel wird nicht verkraftet
- Braucht Trost
- Chronische Krankheiten (Begleittherapie)
- Dünndarmbeschwerden (Begleittherapie)
- Erschöpfungszustände
- Extreme innere Unruhe
- Fühlt sich verlassen, verloren
- Für aus Urlaubsländern von „mitleidigen Touristen" mitgebrachte Tiere ▶

Tiefste Verzweiflung und Hoffnungslosigkeit beherrschen einen Sweet-Chestnut-Hund. Foto: Christine Steimer

▶
- Futterverweigerung
- Genesung – um Rückschläge zu vermindern (Begleittherapie)
- Hat keinen Lebensmut mehr
- Herzrhythmusstörungen (Begleittherapie)
- Hoffnungslosigkeit
- Innerer Rückzug
- Interesselosigkeit
- Ist einsam
- Ist passiv, phlegmatisch
- Jammert bei Verlust des Besitzers oder eines befreundeten Artgenossen
- Kaum noch Widerstandskraft
- Körperlich erschöpft
- Körperlicher Zusammenbruch (Begleittherapie)
- Kraftlos
- Krankheit – macht Eindruck, als gäbe es keine Hilfe mehr (Begleittherapie)
- Kümmert sich nicht mehr um sich selbst (Pflegeverhalten)
- Kurz vor der Resignation
- Lässt sich zu keinerlei Aktivität motivieren
- Liebe geht über den Tod hinaus
- Lungenentzündung (Begleittherapie)
- Mangelnde Flexibilität
- Nach dem Tod der Bezugsperson
- Nach langer Krankheit
- Nach langer Leidensgeschichte
- Nach schlechter, nicht artgerechter Haltung
- Permanente Angst, da bereits viel erlitten

Wollen Sie einem Sweet-Chestnut-Hund helfen, müssen Sie sich darüber im Klaren sein, das Ihnen ein langer, schwieriger Weg bevorsteht. Sollten Sie jedoch keine Zeit oder Geduld haben, diese Therapie über ein halbes bis ganzes Jahr durchzuführen, lassen Sie die Finger weg. Sie schaden sonst dem Tier mehr als Sie helfen. In schweren Fällen dauert es tatsächlich bis zu einem Jahr, bis Sie eine deutliche Besserung feststellen.

Zusätzlich ist es wichtig, dem Hund Zeit zu geben, um Vertrauen zu Ihnen fassen zu können. Ihre Geduld ist also stark gefordert, um dem Hund helfen zu können. Wenn die Behandlung mittendrin abgebrochen wird, fällt das Tier in ein noch größeres psychisches Loch und ihm ist dann kaum noch zu helfen.

Tipp: Zu Sweet Chestnut nimmt man bei der Behandlung am besten noch Star of Bethlehem dazu!

- Rekonvaleszenz
- Resignation
- Stille Trauer
- Struppiges, ungepflegtes Fell
- Teilnahmslosigkeit
- Tierheim – bei als schwer oder nicht vermittelbar geltenden Hunden
- Tierheim: Hund ist seelisch völlig am Ende
- Verkriecht sich ins Dunkle
- Verstörtheit, ist verstört
- Vertrauensverlust nach Qualen
- Wird mit neuem Zustand nicht fertig, ist überfordert
- Wirkt niedergeschlagen
- Zur besseren Wundheilung (Begleittherapie)

Vervain ist die Zurückhaltungsblüte – der Farbe Grün zugeordnet.
Foto: Dr. Aichele

31. Vervain – Eisenkraut (Verbena officinalis)

Der Vervain-Hund ist ein richtiges Energiebündel. Meistens trifft man ihn als Alphatier an.

Die extrem große Energie, die dieser Hund aufbringt, wirkt fast schon krankhaft und bringt so manchen Hundebesitzer an den Rand der Verzweiflung. Der Hund verlangt ständig nach Aktivitäten. Kaum ein Hundebesitzer ist in der Lage, sein Leben mit dem Hund so aktiv zu gestalten, noch dazu, wenn er tagsüber zur Arbeit gehen muss. Der Vervain-Hund verausgabt sich total,

Ein Vervain-Hund stürzt sich mit Übereifer in jede Aktivität und kann nicht mehr aufhören. Foto: Christine Steimer

egal ob beim Spiel, Spaziergang oder im Hundesport. Er ist sehr begeisterungsfähig, aber er kennt in seiner Begeisterungsfähigkeit keine Grenzen.

Wenn der Halter mit seinem Hund Ball spielt, fordert der Hund ihn durch Bellen und wildes Umherspringen immer wieder auf weiterzuspielen. Dabei kann man bereits merken, dass der Hund erschöpft ist und sich dringend Ruhe gönnen müsste. Der Vervain-Hund verausgabt sich, bis es zu einem körperlichen Zusammenbruch kommt.

Selbst eine Verletzung hält den Hund nicht davon ab, seinen Tatendrang auszuleben. Wird dieser Hund jedoch ruhig gehalten und bekommt wenig Bewegung, beginnt er sich selbst zu beknabbern.

Der Vervain-Hund ist häufig als Alphatier anzutreffen, er will gern der Anführer sein. Richtet sich alles nach ihm, ist er auch recht friedlich. Dieser Hund ist sehr willensstark (oder dickköpfig?!) und selbstbewusst und versucht seine Artgenossen sowie sein Menschenrudel in seiner Begeisterung mitzuziehen. Gelingt ihm dies nicht oder beugt sich ein Artgenosse nicht seinem Willen, so reagiert er durchaus aggressiv. Der Vervain-Hund besitzt einen ziemlich ausgeprägten Hang zum Streiten. Seine Aggressionen richten sich hauptsächlich gegen Artgenossen, aber auch gegen Menschen. Auf ungerechte Behandlung oder Tadel reagiert er mit „Beleidigtsein". Er distanziert sich dann eine Zeit lang von der Person, die mit ihm geschimpft hat. Der Vervain-Hund schläft wenig, dabei selten in einer ent-

Blüten – Charakter – Symptome

spannten Lage und sein Schlaf ist nicht tief. Beim kleinsten Geräusch ist er schon wieder auf den Beinen. Im Schlaf zucken und zappeln seine Gliedmaßen, er träumt heftig und findet einfach keine Ruhe.

Vor lauter Begeisterung und Überschwang springt der Vervain-Hund an seinem Besitzer sowie fremden Personen zur Begrüßung gerne hoch. Er bellt mitunter recht viel, und das bei jeder Kleinigkeit. Alleinbleiben macht ihm dagegen nicht viel aus, er ist gerne eine Zeit lang alleine. Der Vervain-Hund fällt auch durch sein stark ausgeprägtes Markierverhalten auf, sei es beim Spaziergang oder daheim. Dadurch drückt er unter anderem seine Dominanz gegen andere aus. Die Fellpflege gestaltet sich bei ihm mitunter sehr schwierig. Er lässt sich ungern kämmen und bürsten. Er wehrt sich dagegen und schnappt durchaus gegen die Person, die ihn gerade bürstet. Beim Vervain-Hund ist auf eine konsequente Erziehung zu achten, um mit ihm gut zurechtzukommen.

Symptome
· Aggressionen
· Anpassungsschwierigkeiten
· Anspannung, ist angespannt
· Aufdringlichkeit
· Aufgedreht
· Ausgeprägte Streitlust (abklären: Stoffwechsel- oder Schilddrüsenerkrankungen)
· Begeisterungsfähig
· Beißt sich Fell aus Langeweile, (unbedingt ändern!)
· Bellt viel wegen Kleinigkeiten
· Bewegt sich wie ein „geölter Blitz"
· Darmkrämpfe (Begleittherapie)
· Dickköpfig
· Dominanz, ist dominant
· Dünndarmbeschwerden (Begleittherapie)
· Einzelgänger
· Empfindlich bei Tadel
· Energiebündel
· Erregbar
· Extreme Ausdauer, bis zur Erschöpfung
· Fehlende Entspannung
· Fühlt sich schnell angegriffen, beißt sofort
· Geschwächte Abwehrkraft, unterstützt Immunsystem
· Herzerkrankungen (Begleittherapie)
· Hyperaktiv
· Impulsiv
· Innere Anspannung
· Intolerant
· Kolik (Begleittherapie)
· Krämpfe (Begleittherapie)
· Lässt sich schwer erziehen, ausbilden
· Magen-Darm-Erkrankungen (Begleittherapie)
· Markiert in der Wohnung
· Möchte allein sein
· Muskelverspannungen (Begleittherapie)
· Nachtragend
· Neigung zu Spannungszuständen
· Nervöse Herz-Kreislauf-Beschwerden (Begleittherapie)
· Nervosität, grundlos
· Niedrige Reizschwelle
· Ordnet sich schlecht ein/unter
· Provoziert Machtkämpfe
· Reagiert überdreht
· Ruhelos
· Schilddrüsenüberfunktion (Begleittherapie)
· Schläft wenig
· Schnell beleidigt
· Springt vor Begeisterung an Menschen hoch

- Ständig gereizt
- Starkes Durchhaltevermögen
- Strahlt viel Energie aus
- Streunt aus Langeweile
- Stubenunreinheit
- Stürmisch, temperamentvoll
- Sucht Auseinandersetzungen
- Träumt lebhaft
- Überfordert sich selbst
- Verausgabt sich
- Verspannungen (Begleittherapie)
- Verstopfung (Begleittherapie)
- Verträgt keinen Widerspruch
- Verweigert den Gehorsam
- Will Anführer sein
- Will seinen Dickkopf durchsetzen
- Wirkt hektisch und unausgeglichen
- Zeigt Überbegeisterung
- Zieht und zerrt an der Leine (aus Übereifer)

Vine ist die Rücksichtsblüte – der Farbe Grün zugeordnet.
Foto: Dr. Aichele

32. Vine – Weinrebe
(Vitis vinifera)

Der Vine-Hund ist äußerst dominant, sehr selbstbewusst und versucht überall, wo er auftritt, seine Macht zu demonstrieren. Es ist in den meisten Fällen ein Alphatier, aber sehr ungerecht. Normalerweise könnte der Vine-Hund nie die Führung eines Rudels übernehmen. Er wäre der ewige Zweite im Rudel, der immer wieder durch Raufereien versuchen würde, die Macht zu übernehmen.

Der Vine-Hund verstößt im Umgang mit Artgenossen gegen viele Regeln. So knurrt er Artgenossen an, die bereits signalisiert haben, dass sie sich ergeben und gehen wollen. Es kommt sogar vor, dass der Vine-Hund diesem Artgenossen nachläuft, um ihn zu beißen. Auch Welpen werden von ihm angegriffen.

Der Vine-Hund hat einen starken Charakter, er ist kein schwächlicher oder ängstlicher Hund. Seine Körperhaltung drückt Stolz und Überlegenheit aus. Mit einem Zweithund in der Familie verträgt er sich nicht. Hier fängt er sehr schnell und oft eine Rauferei ohne triftigen Grund an, er tyrannisiert seinen Artgenossen regelrecht.

In der Familie kommt es mit einem Vine-Hund häufig zu massiven Problemen, da sich dieser Hund partout nicht unterordnen will. Behagt dem Hund etwas nicht oder wird er getadelt, reagiert er schnell mit aggressivem Verhalten. So gestaltet sich auch die Erziehung eines Vine-Hundes sehr schwierig. Er macht mit seinem tyrannischen und aggressiven Benehmen vor Menschen nicht Halt. Auch der eigene Besitzer wird vom Vine-Hund angebrummt und je nach Situation gebissen. Nimmt man diesem Hund den Futternapf weg, begibt man sich in Gefahr, bei derartigen Aktionen wird der Hund manchmal sehr aggressiv. Leben in der Familie eines Vine-Hundes Kin-

Ein Vine-Hund will immer das Alphatier sein und duldet keine Konkurrenz. Foto: Christine Steimer

der, sind diese in Gefahr, sobald der Hund mit ihnen allein ist. Lassen Sie niemals einen Vine-Hund mit Kindern allein! Es wäre absolut unverantwortlich. Der Vine-Hund kann bei einem Fehler, den die Kinder machen (beim Vine-Hund ist es schier unmöglich zu beschreiben, was er als Fehler ansieht: zu schnelle Handbewegung, schnelles Laufen der Kinder ...), äußerst aggressiv reagieren. Dann kommt es leicht zu heftigen Beißunfällen. Greift man nicht rechtzeitig ein, ist irgendwann der Punkt erreicht, bei dem die eigene Familie, Angehörige, Besucher und andere Hundehalter, denen man beim Spaziergang begegnet, Angst vor dem Vine-Hund haben. Spürt der Hund jedoch die Angst der anderen, macht ihn das noch stärker und aggressiver. Angst anderer ist für den Vine-Hund ein Zeichen von Schwäche.

Dieser Hund braucht eine strenge und feste Führung ohne Anzeichen von Angst und Schwäche. Seine Erziehung muss konsequent durchgezogen werden. Auf genaue Ausführung der Befehle ist zu achten.

Mit Vine können Sie dem Hund helfen; je eher Sie mit der Therapie beginnen, desto besser für Hund und Familie. Die Erziehung darf dabei nicht zu kurz kommen.

Symptome
· Aggressionen, um seinen Willen durchzusetzen
· Aggressivität, ist aggressiv
· Akute Bauchspeicheldrüsenbeschwerden (Begleittherapie)
· Alphahund
· Angespanntheit, ist angespannt
· Anpassungsschwierigkeiten
· Aufdringlichkeit
· Beherrscht andere
· Bockig

▶ · Dominanz, ist dominant
· Drängt anderen seinen Willen auf
· Duldet daheim keinen Zweithund
· Eifersüchtig
· Epilepsie (Begleittherapie)
· Erkrankungen der Blutgefäße (Begleittherapie)
· Fehlender Gehorsam, Gehorsamsverweigerung
· Feindselig
· Forderndes Verhalten
· Gelenkrheuma (Begleittherapie)
· Greift Welpen an
· Intolerant gegen sein Umfeld
· Ist widerspenstig
· Kommt nicht auf Zuruf
· Kontaktschwierigkeiten
· Lässt sich schwer erziehen, ausbilden
· Leistet Widerstand (zum Beispiel bei Ausbildung)
· Lernschwierigkeiten aus Dominanz
· Machtkämpfe mit Besitzer, auch anderen Tieren
· Machtstreben
· Markiert in der Wohnung
· Muskelverspannungen (Begleittherapie)
· Ordnet sich nicht unter/ein
· Provoziert Machtkämpfe
· Rangfolgekämpfe – für dominante Hunde
· Reizbar
· Rücksichtslos
· Selbstsicher, selbstbewusst
· Steife Gelenke (Begleittherapie)
· Strebt nach höherer Rangposition
· Streitsucht
· Stubenunreinheit aus Dominanzgründen
· Tyrann, ist tyrannisch
· Übertriebenes Markierverhalten beim Spaziergang, Machtstreben
· Ungerecht gegen andere
· Unterdrückt andere (Familienmitglieder, Artgenossen)
· Verspannungen (Begleittherapie)
· Verteidigt Futternapf aggressiv gegen andere
· Verteidigt Stammplätze
· Verträgt keinen Widerspruch, wird aggressiv
· Wehrt sich gegen Fellpflege aus Dominanz
· Wirbelsäulenerkrankungen (Begleittherapie)
· Zerrt an der Leine
· Zerstörungswut

33. Walnut – Walnuss (Juglans regia)

Der Walnut-Hund ist ein Sensibelchen. Er kann sich schwer an veränderte Situationen anpassen.

Normalerweise macht es einem Hund nichts aus, zwei bis drei Wochen mit seiner Familie in den Urlaub zu fahren, dem Walnut-Hund schon. Er reagiert mit Durchfall, verweigert das Futter oder trinkt schlimmstenfalls nicht einmal Wasser. Spaziergänge bereiten ihm ebenfalls keiner-

Walnut ist die Durchbruchblüte – der Farbe Blau zugeordnet. Foto: Dr. Aichele

Jede Veränderung in seinem Leben macht dem Walnut-Hund zu schaffen. Foto: Ulrike Schanz

lei Freude. Wieder daheim angekommen kann das Gleiche passieren: Futterverweigerung, Durchfall und so weiter. Genauso ergeht es diesem Hund bei der Abgabe in eine Tierpension während eines Urlaubes. Der Hundebesitzer glaubt nach dem Abholen, dass sich in der Tierpension niemand vernünftig um seinen Hund gekümmert hat.

Weitere Situationen, die dazu führen können, sind zum Beispiel Ortwechsel durch Umzug, Partnerwechsel der Bezugsperson, ein zweiter Artgenosse, ja sogar Familienzuwachs durch ein Baby. Schreit das Baby, so verkriecht sich der Hund oder er verlässt das Zimmer. Der Walnut-Hund hat enorme Anpassungsschwierigkeiten, ist sehr unsicher, labil und ängstlich. Seine Angst tritt deutlich bei allem Neuen und Ungewohnten in Erscheinung. Angst und Unsicherheit führen dann durchaus auch zu Stubenunreinheit. Selbst

Symptome
- Abwehrschwäche, stärkt Immunsystem (Begleittherapie)
- Allergien (Begleittherapie)
- Allergischer Schnupfen (Begleittherapie)
- Als Eingewöhnungshilfe (bei Ortwechsel, neuem Besitzer, Welpenübernahme oder anderem)
- Änderungen im Übungsablauf verunsichern
- Angst vor Neuem
- Ängstlich bei Stress
- Ängstliches Wesen
- Anpassungsschwierigkeiten
- Appetitlosigkeit
- Asthma (Begleittherapie)
- Atemwegserkrankungen (Begleittherapie)
- Bei Babyankunft
- Bei vermehrtem Stress
- Bei Wechsel der Lebensumstände

Änderungen im Übungsablauf bei der Ausbildung auf dem Hundeplatz können den Walnut-Hund bereits so verunsichern, dass er nur noch ängstlich neben seinem Besitzer mitläuft. Er lässt sich mit den besten Worten nicht mehr zu einer vernünftigen Ausführung der Übung bewegen. Seine Konzentration ist dann nicht mehr gut.

Im Umgang mit seinen Artgenossen hat der Hund oft Probleme, da er sich von ihnen leicht unterdrücken lässt. Bei Besitzerwechsel oder Abgabe ins Tierheim zieht sich dieser Hund zurück und macht einen resignierten Eindruck. Um dem Walnut-Hund helfen zu können ist die wichtigste Voraussetzung, ein intensives und gutes Vertrauensverhältnis herzustellen.

Walnut kann auch als Sterbehilfe eingesetzt werden, es erleichtert dem Hund den Übergang in den Tod.

- Bringt endgültige Heilung in Gang (Begleittherapie)
- Dickdarmbeschwerden (Begleittherapie)
- Durchbruch bei Therapieversagen – zur Klärung
- Eingewöhnung fällt schwer
- Erleichtert den Übergang beim Sterben
- Fellprobleme durch Hormonschwankungen (Begleittherapie)
- Futterverweigerung
- Genesung – um Rückschläge zu vermeiden
- Gewichtsschwankungen
- Hat zu „dünnes Fell"
- Hauterkrankungen (Begleittherapie)
- Heimweh
- Intervallartiges Fieber (Begleittherapie)
- Jammert bei Verlust des Besitzers, Artgenossen oder Welpenabgabe
- Kann sich nicht von alten Gewohnheiten lösen
- Krankheitsanfällig
- Labilität, ist labil
- Lässt sich unterdrücken
- Leicht beeinflussbar
- Macht verunsicherten Eindruck
- Nach Amputation, Kastration (Begleittherapie)
- Nach Zahnextraktion (Begleittherapie)
- Neigung zu Infektionskrankheiten (Begleittherapie)
- Neubeginn (Ortswechsel, Besitzerwechsel)
- Nierenerkrankungen, Nierensteine (Begleittherapie)
- Reagiert auf Neues mit Untugenden (Weglaufen, Unsauberkeit, Verkriechen)
- Schwaches Muskelgewebe (Begleittherapie)
- Stressanfällig
- Stubenunreinheit
- Tierheim – bei bevorstehendem Wechsel in neues Zuhause, erleichtert Eingewöhnung
- Überempfindlich (auch bei neuen Geräuschen)
- Übergang in neue Lebensphase – Zahnwechsel, Geschlechtsreife, Trächtigkeit
- Umzug – vermisst altes Zuhause
- Unsicherheit
- Unterstützend bei Veränderungen aller Art
- Veränderungen werden schwer verkraftet
- Vermehrt auftretender Parasitenbefall (Begleittherapie)
- Vermisst abgegebene Welpen
- Vor erstem Deckakt – bei unsicherer Hündin
- Vor größeren und längeren Reisen, Ortswechsel
- Vor Massagen und chiropraktischen Behandlungen (Begleittherapie)
- Wehleidig
- Wenn Erstreaktionen bei Behandlungen häufig auftreten
- Zahnwechsel

Blüten – Charakter – Symptome

34. Water Violet – Sumpfwasserfeder (Hottonia palustris)

Der Water-Violet-Hund drückt in seiner Haltung Stolz und Selbstbewusstsein aus. Er möchte keine Kontakte, sei es zu Menschen oder Artgenossen. Er überdeckt damit seine kleinen Ängste. Zu Hause ist er im Allgemeinen unproblematisch. Seine Erziehung gestaltet sich recht einfach, da er Auseinandersetzungen mit seinem Besitzer meidet.

Trotzdem hat auch der Water-Violet-Hund Probleme. Er meidet Sozialkontakte mit Menschen sowie Artgenossen und will sich nicht anfassen und streicheln lassen. Er distanziert sich lieber. Seine Reserviertheit kann sogar in Selbstisolation enden.

Von selbst fängt der Water-Violet-Hund keine Streiterei mit Artgenossen an. Nähert sich ihm jedoch ein anderer Hund in aufdringlicher Art, knurrt der Water-Violet-Hund und ist auch bereit

Water Violet ist die Kontaktblüte – der Farbe Grün zugeordnet. Foto: IPO

Der Water-Violet-Hund zieht sich gerne zurück, er wirkt unnahbar und arrogant. Foto: Ulrike Schanz

zu beißen. Er möchte einfach in Ruhe gelassen werden. Der Water-Violet-Hund ist ein Einzelgänger.

Lärm und Hektik versucht dieser Hund zu entkommen, indem er sich verkriecht oder dagegen bellt. Die Fellpflege ist bei ihm kein leichtes Spiel, da er sich allgemein nicht gern anfassen lässt.

Ein Grund für dieses Verhalten kann eine schlechte Sozialisation sein. Ein selbstbewusster Hund, der in der Prägezeit keine vernünftigen Kontakte zu Menschen und Artgenossen pflegen durfte, kann später als Folge daraus Kontaktschwierigkeiten bekommen. Der Water-Violet-Hund ist von Grund auf kein ängstliches, sensibles Tier. Da ihm jedoch einige wichtige Dinge in seinem Leben, wie zum Beispiel eine gute Sozialisation, vorenthalten wurden, schützt er sich mit Reserviertheit vor Enttäuschungen.

Der Water-Violet-Hund kann sich sehr gut mit sich selbst beschäftigen und spielen. Lebt er mit einem weiteren Artgenossen in einem Haushalt, hat es der andere nicht leicht. Der Water-Violet-Hund spielt nicht mit ihm und hält auch sonst Distanz zu ihm. Er schließt allgemein keine Freundschaften.

Symptome
- Aggressivität
- Allergien (Begleittherapie)
- Anpassungsschwierigkeiten
- Arthritis, Arthrose (Begleittherapie)
- Ausgeprägte Persönlichkeit
- Bellt viel
- Berührungsangst
- Beschäftigt sich hauptsächlich mit sich selbst
- Beschäftigt sich lieber mit sich selbst
- Eigensinnig
- Einzelgänger
- Geht bei Menschen oder Artgenossen auf Distanz
- Geht Kontakten aus dem Weg
- Gelenkschwäche (Begleittherapie)
- Hält Distanz zu anderen
- Hauterkrankungen (Begleittherapie)
- Interesselosigkeit
- Ist reserviert
- Kontaktscheu, Kontaktschwierigkeiten
- Kontaktschwierigkeiten
- Lässt niemanden nahe an sich heran
- Meidet Kontakt zu Artgenossen
- Meidet körperlichen Kontakt
- Reagiert aggressiv, wenn Artgenosse zu nahe kommt
- Schlechte Sozialisation
- Spielt nicht mit Artgenossen
- Stark ausgeprägte Unabhängigkeit
- Starkes Selbstvertrauen, Selbstbewusstsein
- Übersteigertes Selbstbewusstsein
- Unnahbarkeit
- Verdauungsprobleme (Begleittherapie)
- Verschlossen
- Verspannungen im Halswirbelsäulenbereich (Begleittherapie)
- Versteifte Gelenke (Begleittherapie)
- Verträgt keinen Krach und keine Hektik
- Wehrt sich gegen Fellpflege, will nicht angefasst werden
- Weicht bei Berührung zurück
- Will in Ruhe gelassen werden
- Will nicht gestreichelt werden
- Wirbelsäulenbeschwerden (Begleittherapie)
- Wirkt arrogant
- Wirkt stolz, unnahbar
- Zieht sich oft zurück

Blüten - Charakter - Symptome

White Chestnut ist die Klarheitsblüte – der Farbe Türkis zugeordnet. Foto: IPO

35. White Chestnut – Rosskastanie
(Aesculus hippocastanum)

Der White-Chestnut-Hund ist unsicher in seinem Wesen. Neuen Dingen steht er sehr skeptisch, aber neugierig gegenüber. Er geht nicht forsch an Dinge heran, die ihn interessieren. Der White-Chestnut-Hund beobachtet dafür das Objekt seiner Neugierde ausgiebig. Die Konzentrationsfähigkeit dieses Hundes ist nicht gut ausgeprägt. Meistens fällt das dem Besitzer erst auf, wenn er mit seinem Hund eine Ausbildung beginnt. Der White-Chestnut-Hund widersetzt sich regelrecht den Erziehungsmaßnahmen, es grenzt fast schon an Sturheit. Ablenken lässt er sich während einer Übung dagegen sehr leicht. Findet der Hund selbst ein Objekt, das ihn interessiert, kann man zu ihm sagen, was man will, er nimmt es nicht wahr. Das kann ein Vogelnest, ein Schmetterling, eine Tür, die sich gerade bewegt hat, oder Ähnliches sein. Er bleibt stehen und beobachtet und beobachtet und ...! Hat der Hund die Möglichkeit hinzulaufen, so geht er vor und zurück, und das immer wieder. Er ist so fasziniert, dass er nicht zur Ruhe kommt. Selbst wenn das Objekt, das er beobachtete, längst weg ist, hat man den Eindruck, als würden sich seine Gedanken immer noch damit beschäftigen. Dadurch macht der White-Chestnut-Hund oft einen abwesenden Eindruck.

Durch solche Ereignisse hat dieser Hund keine Aufmerksamkeit für seinen Besitzer und die eigentlich von ihm geforderten Aufgaben. Daheim liegt der White-Chestnut-Hund einfach still da, starrt auf irgendetwas oder in die Ferne und ist nicht ansprechbar. Manchmal leckt er sich gedankenverloren längere Zeit mit der Zunge über die

Symptome
· Ablenkbarkeit, lässt sich leicht ablenken
· Allergien (Begleittherapie)
· Alpträume
· Anspannung
· Antriebslos
· Bei Tadel oder Strafe schnell beleidigt
· Beißt sich Fell aus (Autoaggression)
· Beknabbert sich (Autoaggression)
· Bellt, winselt grundlos vor sich hin
· Bewegungsdrang (Ersatzhandlung)
· Blockaden beim Lernen
· Dauerstress durch Reizüberflutung
· Erschöpft
· Fehlende Entspannung
· Fehlende innere Ruhe
· Fieber in Intervallschüben (Begleittherapie)
· Fixiert mit den Augen einen weit entfernten Punkt ▶

Der White-Chestnut-Hund kann sich schlecht konzentrieren und wirkt oft abwesend. Foto: Ulrike Schanz

- Geistige Übererregung
- Geräuschempfindlich
- Hechelt ununterbrochen (abklären, ob Fieber!)
- Herzerkrankungen (Begleittherapie)
- Immer wiederkehrende Infektionskrankheiten (Begleittherapie)
- Ist unruhig
- Ist von einer Sache regelrecht besessen (Fellbeißen, Kratzen, sexuelle Bedürfnisse)
- Kann nicht abschalten
- Kann sich auf gestellte Aufgabe schwer konzentrieren
- Knurrt und murrt ohne Grund, auch nachts
- Konzentrationsschwäche
- Krankheiten heilen schlecht (Begleittherapie)
- Krankheiten, die durch bestimmte Auslöser immer wieder auftreten (Begleittherapie)
- Leckt sich ständig mit der Zunge über die Schnauze
- Mangel an Aufmerksamkeit
- Nachtragend
- Neigung zu immer derselben Verletzung
- Neigung zu Krämpfen
- Nervös, hibbelig
- Nervosität durch Stress
- Nicht ausheilende Krankheiten (Begleittherapie)

Schnauze. Er reagiert kaum auf seinen Besitzer oder erst nach mehrmaligem Ansprechen. Es ist, als würde man den Hund aus weiter Ferne zurückholen. Aufgrund dieses Verhaltens ist der White-Chestnut-Hund nie richtig entspannt.

Die innerliche Anspannung des Hundes führt häufig zu Aggressionen, die er gegen sich selbst richtet wie Fellausbeißen, ständiges Kratzen oder Beknabbern der Pfoten. Auch dabei ist er völlig abwesend. Ermahnt man den Hund, damit aufzuhören, registriert er es wieder nicht. Der Besitzer muss dann aufstehen, den Hund anstupsen und nochmals wiederholen, dass er nicht an sich knabbern soll, damit der Hund aus diesem Verhaltensmuster herauskommt (meistens nur kurzfristig). Gerade beim ständigen Kratzen und Beknabbern fügt sich der Hund Verletzungen zu, die sekundär zu Hauterkrankungen führen wie Leckekzem, Rötungen, Pusteln oder Ekzemen, die noch dazu Juckreiz hervorrufen können.

Es ist auch der White-Chestnut-Hund, der beim Spaziergang urplötzlich immer an derselben Stelle ohne ersichtlichen Grund das Weitergehen verweigert oder im Hundesport ständig

- Periodisch auftretende Erkrankungen (Begleittherapie)
- Reagiert nicht auf Ansprache, da mit einer anderen Sache beschäftigt
- Rheumatische Beschwerden, die immer bei Regenwetter auftreten (Begleittherapie)
- Ruhelosigkeit
- Scheint Anweisungen nicht wahrzunehmen
- Schussangst
- Schwaches Selbstvertrauen
- Sieht und hört nichts, abwesend
- Stereotypien wie ständiges Beknabbern
- Sturheit, ist stur
- Totale Sturheit, widersetzt sich jedem Erziehungsversuch
- Unausgeglichenheit
- Unfallneigung
- Unruhiger Schlaf
- Verbellt oder verweigert Weitergehen immer an derselben Stelle
- Verschlossen
- Verweigert in der Ausbildung immer dieselbe Übung ohne Grund
- Wirkt abwesend, trotzdem angespannt
- Zähneknirschen
- Zusammenbruch

Wild Oat ist die Sinnfindungsblüte – der Farbe Rot zugeordnet.
Foto: Andreas Bock, Institut für Bachblütentherapie

bei der gleichen Übung oder dem gleichen Hindernis stoppt und nicht weitermacht.

Der Schlaf des White-Chestnut-Hundes ist sehr unruhig, er entspannt sich nicht. Der Hund wechselt oft seinen Liegeplatz, knirscht mit den Zähnen (auch ein Hund kann das!) oder winselt, knurrt oder murrt vor sich hin. Übrigens: Das Knurren oder Murren kann er auch sehr gut im wachen Zustand. Insgesamt ist der White-Chestnut-Hund ein unruhiger und nervöser Zeitgenosse, der seinem Besitzer viel Geduld abverlangt.

36. Wild Oat – Waldtrespe (Bromus ramosus)

Der Wild-Oat-Hund ist lernwillig, begabt und ständig auf der Suche nach Neuem. Er bleibt jedoch nicht lange bei einer Sache, ihm fehlt die Ausdauer. Man hat das Gefühl, dieser Hund wird nie erwachsen. Er ist lustig, neugierig und sprunghaft wie ein Welpe. In seinem Tatendrang kann er sehr kreativ werden, wenn er allein gelassen wird. Seine Ersatzhandlungen können massive Formen annehmen wie Schuhe zerkauen, Teppich zerlegen oder Tischdecke herunterziehen.

Der Wild-Oat-Hund will sich beschäftigen. Kann er dies nicht, liegt er gelangweilt da und macht einen unzufriedenen Eindruck. Er beknabbert sich selbst, was zur regelrechten Selbstzer-

Etwas üben, bis es perfekt klappt, ist für ihn völlig uninteressant. Foto: Ulrike Schanz

störung ausartet. Beschäftigt sich der Besitzer beim Spaziergang nicht genügend mit dem Wild-Oat-Hund, sucht dieser sich selbst interessante Objekte, beispielsweise in Form eines Radfahrers oder Joggers, dem er mit Begeisterung nachsetzt.

Bei der Ausbildung ist er auch nicht einfach. Der Hund besitzt zwar eine gute Auffassungsgabe und lernt seine Übungen dadurch recht schnell. Damit wäre ja alles in Ordnung – aber er hat keine Ausdauer. Wenn es um das Vertiefen und Festigen der Übung geht, läuft er bereitwillig mit, aber völlig unkonzentriert. Seine Augen suchen bereits etwas Neues, was ihn interessieren könnte.

Wird er dann von seinem Besitzer immer wieder ermahnt, reagiert der Hund mit gelangweiltem Nebenherlaufen, man merkt deutlich, dass er nicht mehr bereit ist zu lernen. Sobald der Besitzer jedoch ein Spielzeug zur Auflockerung zwischen den Übungen aus der Tasche zieht, ist beim Wild-Oat-Hund jegliches Desinteresse oder Langeweile wie weggeblasen. Er ist sofort begeistert beim Spiel. Solche unterschiedlichen Reaktionen des Hundes können einen manchmal verzweifeln lassen. Aber mit viel Geduld, Konsequenz und Zeit klappt auch eine Ausbildung wunderbar.

Als Halter muss man selbst immer wieder kreativ werden, um den Hund bei Laune und Interesse zu halten. Denn eines ist sicher: Der Wild-Oat-Hund will lernen und es gelingt ihm auch trotz seiner Sprunghaftigkeit ganz gut.

Bietet man dem Hund überhaupt keine Anforderungen, kann seine Langeweile und Unzufriedenheit schnell in Aggressivität münden. Kontakte zu Artgenossen sucht der Wild-Oat-Hund nicht unbedingt. Er ist aber auch kein Raufer, der es auf Streit ankommen lässt. Wenn er auf andere Hunde trifft, spielt er durchaus eine kurze Zeit mit ihnen, bis er wieder etwas anderes findet, was ihn mehr interessiert.

Symptome
- Aggressivität
- Anpassungsschwierigkeiten
- Appetitlosigkeit
- Augenerkrankungen (Begleittherapie)
- Automutilation, Selbstzerstörung
- Bauchspeicheldrüsenerkrankungen (Begleittherapie)
- Begeistert sich leicht für Neues
- Bei unveränderten Krankheitszuständen (Begleittherapie)
- Beknabbert sich selbst aus Langeweile (Ersatzhandlung)
- Bemüht sich nicht um Kontakt zu Artgenossen
- Einsatzfreudig
- Einstiegsbehandlung, scheint zu viele Blüten zu benötigen
- Einzelgänger
- Ewiger Welpe/Junghund
- Fehlende Ausdauer
- Fehlende Kraft bei Erkrankung (Begleittherapie)
- Fresssucht (Ersatzhandlung)
- Hansdampf in allen Gassen
- Hat Begeisterung, Überschwang
- Hat zu viele Interessen
- Hypersexualität
- Im Training übereifrig
- Immer wieder aufbrechende Wunden (Begleittherapie)
- Immer wieder aufflackernde Erkrankungen (Begleittherapie)
- Impulsiv
- Ist nur kurzfristig für etwas zu begeistern
- Keine Ausdauer
- Konzentrationsschwäche
- Langweilt sich schnell
- Launisch, wechselnde Stimmungen
- Leicht ablenkbar
- Lernt leicht, dadurch kommt schnell Langeweile auf
- Lernwillig
- Macht gelangweilten Eindruck
- Mangelndes Durchhaltevermögen
- Markiert in der Wohnung durch übersteigerten Sexualtrieb
- Muskelverkrampfungen (Begleittherapie)
- Muss ständig zurückgehalten werden
- Neigt zu Ersatzhandlungen wie Pfotenbeknabbern
- Ohne Ziel und Ausdauer
- Passiver und stiller Einzelgänger
- Prellungen, Zerrungen (Begleittherapie)
- Rekonvaleszenz
- Rennt Joggern und Radfahrern nach
- Scheinträchtigkeit
- Schnell gelangweilt, da gute und schnelle Auffassungsgabe
- Schwäche ohne erkennbaren Grund
- Streunt aus Langeweile
- Überlässt Welpen nach der Geburt sich selbst
- Unbeständig
- Unentschlossenheit
- Unterfordert
- Unternehmungslustig
- Verliert schnell das Interesse
- Will nicht allein bleiben
- Wirkt gleichgültig
- Wirkt unzufrieden
- Zappelig, nervös
- Zerstörungswut

Wild Rose ist die Zuversichtsblüte – der Farbe Gelb zugeordnet. Foto: IPO

37. Wild Rose – Hundsrose (Rosa canina)

Der Wild-Rose-Hund ist im Allgemeinen kein Temperamentsbündel, sondern eher ruhig und besonnen. Er lässt sich gut erziehen, ist angenehm und umgänglich im Umgang mit seiner Familie sowie mit anderen Tieren. Der Wild-Rose-Hund meidet Auseinandersetzungen und verträgt sich sehr gut mit seinen Artgenossen. Da er nicht aufdringlich ist, akzeptieren diese ihn ebenfalls.

Der Wild-Rose-Hund besitzt meistens von Geburt an eine eher schwache Konstitution. Geriet dieser Hund in falsche Hände und musste viel Leid und Qualen ertragen, zeigt er sich bei Besitzerwechsel desinteressiert, müde und ausgelaugt bis apathisch. Ihn aus der Reserve zu locken ist dann sehr schwierig. Er geht mit spazieren, aber er trottet lustlos und müde hinterher. Fast alle Versuche, ihn zu motivieren, scheitern. Am liebsten zieht er sich zurück oder verkriecht sich. Man hat das Gefühl, als hätte er vor dem Leben kapituliert. Das Ganze kann sich noch steigern zu Futterverweigerung, ja selbst Wasser nimmt der Hund kaum noch auf. Seine Körperhaltung zeigt Unlust und Resignation. Sein Kopf hängt müde nach unten, die Bewegungen sind sehr langsam und eher müde. Die Augen sind stumpf und ausdruckslos, sie zeigen Leere. In diesem Zustand lässt sich der Wild-Rose-Hund alles gefallen.

Dieser Hund neigt zu Krankheiten, auch dabei wirkt er sehr müde. Bei schweren Krankheiten kommt es sehr schnell zu Apathie.

Durch diese Interesselosigkeit oder Apathie könnte man glauben, der Hund will nicht mehr leben. Er gibt sich regelrecht selbst auf. Der Wild-Rose-Hund nimmt sein Schicksal klaglos hin, er wehrt sich gegen nichts und niemanden.

Symptome
- Abgeschlagen, matt
- Abmagerung (Ursache erst abklären!)
- Abwehrschwäche
- Allgemeinbefinden wird immer schlechter (Begleittherapie)
- Angst – aller Lebenswille scheint dadurch erloschen zu sein
- Anhaltende Müdigkeit
- Antriebschwäche
- Apathie
- Appetitlosigkeit
- Augenausdruck: stumpf, traurig, leer
- Bei Fehl- oder Totgeburt
- Bei kräftezehrenden Krankheiten (Begleittherapie)

Blüten – Charakter – Symptome

Ein Wild-Rose-Hund wirkt immer müde und lustlos. Foto: Ulrike Schanz

- Bei Krankheiten mit unklaren Anzeichen (Begleittherapie)
- Bewegungsunlust, bewegt sich wenig
- Bisher ruhiges Tier wird plötzlich überaktiv
- Chronische Krankheiten (Begleittherapie)
- Desinteresse
- Energielos
- Erschöpfung
- Erträgt alles geduldig, ohne Widerstand
- Fehlende Energie
- Fehlende Motivation
- Fehlende Vitalität
- Fresssucht (Begleittherapie)
- Fügt sich in seine Krankheit
- Hat sich mit Schicksal abgefunden
- Hoffnungslos
- Innerer Rückzug
- Interesselosigkeit
- Ist gleichgültig
- Ist schlaff
- Ist träge, phlegmatisch
- Jammert bei Schmerzen nicht mehr
- Körperhaltung signalisiert Resignation
- Kraftlos
- Krankheitsanfällig
- Kümmert sich nicht mehr um sich selbst (Pflegeverhalten)
- Lässt alles mit sich geschehen
- Lustlosigkeit

▶ Wild Rose

- Macht Eindruck von Schmerzen; ohne äußere Anzeichen
- Meidet Auseinandersetzungen
- Müdigkeit
- Rekonvaleszenz
- Schilddrüsenunterfunktion (Begleittherapie)
- Schlechte Erfahrung kann nicht verarbeitet werden
- Schwäche (Begleittherapie)
- Schwacher Bewegungsapparat, meist von Geburt an
- Schwächlich von Geburt an
- Schwere Erkrankungen (Begleittherapie)
- Starrt nur noch vor sich hin
- Sterbehilfe
- Stoffwechselstörungen (Begleittherapie)
- Teilnahmslosigkeit
- Therapieversagen – Blockade durch Resignation
- Unterstützt schnellere Heilung bei Verletzungen (Begleittherapie)
- Verspannungen der Halswirbelsäule (Begleittherapie)
- Verstopfung (Begleittherapie)
- Verweigert bei Krankheit Nahrung, eventuell auch Medikamente
- Verweigert Futter und Wasser
- Willensschwach
- Zeigt keine Lebensenergie mehr

Willow ist die Versöhnungsblüte – der Farbe Orange zugeordnet.
Foto: Andreas Bock, Institut für Bachblütentherapie

38. Willow – Gelbe Weide (Salix vitellina)

Der Willow-Hund ist ein mürrischer Vertreter seiner Art, er zeigt sich beinahe feindselig. Intensive freundschaftliche Beziehungen zum Willow-Hund aufzubauen ist fast nicht möglich.

Will man diesen Hund streicheln, so kommt er zwar und lässt es sich gefallen, aber er knurrt und brummt dabei vor sich hin und geht urplötzlich wieder fort. Er hinterlässt den Eindruck, als hätte man ihn während des Streichelns fortwährend gezwickt oder geärgert.

Der Willow-Hund verbreitet im ganzen Haus schlechte Laune, die nach längerer Dauer fast schon ansteckend wirkt. Kontakte zu seinen Artgenossen sucht er nicht, genauso wenig zu anderen Menschen. Beim Spazierengehen knurrt und bellt er bereits von weitem seine Artgenossen an. Sein Gehorsam lässt ebenfalls zu wünschen übrig. Wenn er nicht hören will, dann stellt er sich tatsächlich stur.

Ein Willow-Hund signalisiert allen, dass mit ihm nicht gut Kirschen essen ist. Foto: Christine Steimer

Der Willow-Hund wirkt immer unzufrieden, mürrisch und launisch.

Die Ursache für ein derartiges Verhalten findet man häufig in einer nicht artgerechten Haltung begründet. Der Willow-Hund reagiert sehr sensibel auf Vernachlässigung seitens seines Besitzers.

Er ist kein Hund, mit dem man einmal schnell um den Häuserblock Gassi geht und ihn danach nicht mehr beachtet und sich selbst überlässt. Ihn nur morgens und abends für ein paar Minuten auszuführen, sich ansonsten aber mit ihm wenig zu beschäftigen, macht den Hund extrem mürrisch.

Symptome
· Aggressionen
· Aggressiv, aufbrausend
· Allergien (Begleittherapie)
· Altersbeschwerden, aktives Leben nicht mehr möglich
· Angestaute Wut
· Anpassungsschwierigkeiten
· Aufsässigkeit
· Beißt schnell bei vermeintlicher Bedrohung
· Beißt sich Fell aus (Autoaggression)
· Bellt grundlos
· Bösartigkeit, hat sich langsam aufgebaut
· Darmerkrankungen (Begleittherapie)

Er merkt genau, dass er seiner Familie lästig ist und ihn eigentlich niemand mehr wirklich liebt. Der Ärger und Frust, den der Hund im Laufe der Zeit aufbaut, richtet sich in erster Linie gegen sich selbst. Je länger der Zustand andauert, desto eher führt es dann zu organischen Störungen.

Wird der Willow-Hund überrascht oder beispielsweise beim Fressen oder anderen Dingen gestört, lässt er seine schlechte Laune an dem aus, der gerade in seiner Nähe ist. Er reagiert dabei durchaus aggressiv.

Dem Willow-Hund kann man mit der Blüte helfen. Das allein ist jedoch nicht genug – die Umstände müssen geändert werden. Er braucht Zuwendung, vor allem in Form von Beschäftigung. Dabei ist es sehr wichtig, mit dem Hund ehrlich und konsequent umzugehen. Auch das Gehorchen muss er wieder richtig lernen.

Aus dem Willow-Hund kann mit dem entsprechenden Zeitaufwand und viel Geduld wieder ein ziemlich normaler und umgänglicher Hund werden. Skeptisch bleibt er meistens noch lange Zeit.

▶ · Empfindlich
· Fehlende Motivation
· Fehlende Selbstbeherrschung, beißt rasch
· Fordert Zuneigung, nicht zufrieden, wenn er sie bekommt
· Futterverweigerung
· Grollt
· Hauterkrankungen (Begleittherapie)
· Immer schlecht gelaunt
· Innere Unruhe
· Intoleranz, ist intolerant
· Kann Erfahrungen nicht verarbeiten
· Knurrt häufig
· Kontaktschwierigkeiten
· Krankheiten, entstanden durch Enttäuschungen
· Launenhaftigkeit, ist launisch
· Magenschleimhautentzündung (Begleittherapie)
· Missmutig
· Misstrauen, ist misstrauisch
· Murrt und knurrt ohne ersichtlichen Grund
· Muskelverkrampfungen (Begleittherapie)
· Nach jahrelanger schlechter Erfahrung
· Nach Vernachlässigung
· Nachtragend

· Niedrige Reizschwelle
· Nierenerkrankungen (Begleittherapie)
· Rebelliert
· Reizbar
· Rheuma (Begleittherapie)
· Schnell beleidigt
· Schnell verärgert
· Stimmungsschwankungen
· Sucht Anerkennung
· Tierheimhunde, die auf Annäherung misstrauisch reagieren und knurren
· Trotzig
· Übergewicht (Begleittherapie)
· Unangenehmer Hausgenosse
· Unzufrieden
· Verbitterung, wirkt verbittert
· Verdauungsbeschwerden – Wechsel von Durchfall und Verstopfung (Begleittherapie)
· Wenig Interesse an Dingen, die ihm früher Freude bereitet haben
· Will nicht allein sein
· Will nicht spielen
· Wirkt müde
· Zieht sich gern zurück

Star of Bethlehem, Clematis, Rock Rose, Cherry Plum und Impatiens

39. Rescue
Notfalltropfen – der Farbe Magenta zugeordnet

Die Notfalltropfen sind eine Kombination aus fünf Bachblüten: Star of Bethlehem, Rock Rose, Impatiens, Cherry Plum und Clematis.

Die Rescue-Tropfen werden zum Beispiel bei Schockzuständen, nach einem Unfall, bei Operationen oder Hitzschlag verabreicht. Auch in extremen Stresssituationen wie bei einer Hundeausstellung oder einem Tierarztbesuch kann Rescue verwendet werden.

Rescue-Tropfen sind nicht für eine Langzeittherapie gedacht. Sie dienen lediglich zur Behandlung eines akuten Zustandes wie vorher beschrieben. Rescue gibt es auch als Salbe. Diese findet bei Hauterscheinungen Anwendung, so zum Beispiel bei Zwischenzehenekzem, nach einem Bienen- oder Wespenstich oder bei leichten Brandverletzungen.

Symptome
Bei diesen Symptomen bitte immer einen Tierarzt aufsuchen!
- Amputationen
- Bandscheibenvorfall
- Bei Asthmaschub
- Bei Blutungen
- Bei Kaiserschnitt

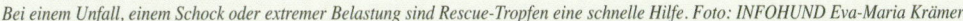

Bei einem Unfall, einem Schock oder extremer Belastung sind Rescue-Tropfen eine schnelle Hilfe. Foto: INFOHUND Eva-Maria Krämer

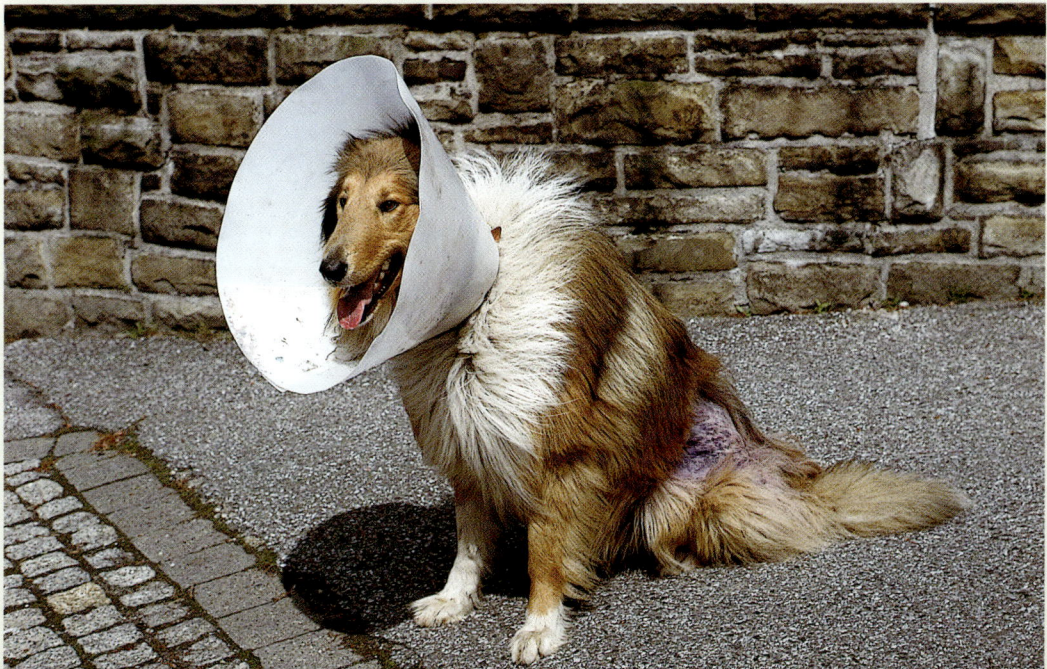

Bachblütentherapie für Hunde

▶
- Bei Kastration
- Bei Lähmung durch Schreck
- Bei Tierheimabgabe
- Bewusstlosigkeit
- Epilepsieanfall
- Extremer Juckreiz (auch als Salbe)
- Hitzschlag
- Hohes Fieber
- Impfreaktion
- Kolik, Krämpfe
- Körperlicher Zusammenbruch
- Nach Kampf
- Nach Schock
- Nach überstandener Misshandlung
- Nach Unfall
- Nach Zahnoperationen
- Panik
- Panik beim Tierarztbesuch
- Schock
- Stumpfe Verletzungen
- Verbrennungen
- Vergiftungen
- Verletzungen
- Vor und nach Operation

Quellenhinweise

Becvar, Dr. med. vet. Wolfgang:
Naturheilkunde für Hunde.
Kosmos Verlag.

Blome, Dr. med. Götz:
Das neue Bachblüten-Buch.
Bauer Verlag.

Kübler, Heidi:
Bachblüten-Therapie in der Tiermedizin.
Sonntag Verlag.

Scheffer, Mechthild:
Bachblütentherapie.
Irisana Verlag.

Stein, Petra:
Bachblüten für Hunde.
Kosmos Verlag.

Wolters, Michael:
Ganzheitlich orientierte Verhaltenstherapie
bei Tieren.
Sonntag Verlag.

Informationen, Seminare und Ausbildung
Institut für Bachblütentherapie
Mechthild Scheffer
Postfach 20 25 51
20218 Hamburg
Tel. 040 43 25 77 10
Fax 040 43 52 53
E-mail: info@bach-bluetentherapie.de
www.bach-bluetentherapie.com

Praktische Ratgeber – rund um den Hund ...

... von Cadmos

Neika/Eckenbach-Arndt
ERSTE HILFE AM HUND
Das Hundebuch für den Notfall

96 Seiten, broschiert, farbige Abbildungen
ISBN 3-86127-717-4
€ 10,95 · € (A) 11,30 · SFR 19,80

A. Bangert/B. Endemann
DAS SCHMECKT IHREM HUND
Wenn Hunde kochen könnten ...

80 Seiten, broschiert, farbige Abbildungen
ISBN 3-86127-720-4
€ 10,95 · € (A) 11,30 · SFR 19,80

Hildegard Jung
MIT DEM HUND GESUND DURCHS JAHR
Tipps und viele Infos

96 Seiten, broschiert, farbige Abbildungen
ISBN 3-86127-707-7
€ 10,95 · € (A) 11,30 · SFR 19,80

Brunhilde Mühlbauer
HUNDE RICHTIG MASSIEREN
Akupressur, Massage & mehr

80 Seiten, broschiert, farbige Abbildungen
ISBN 3-86127-740-9
€ 10,95 · € (A) 11,30 · SFR 19,80

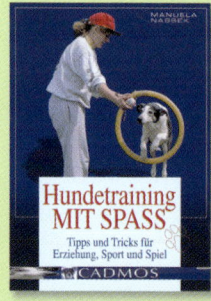

Manuela Nassek
HUNDETRAINING MIT SPASS
Tipps und Tricks für Erziehung, Sport und Spiel

96 Seiten, broschiert, farbige Abbildungen
ISBN 3-86127-713-1
€ 10,95 · € (A) 11,30 · SFR 19,80

Cadmos Verlag GmbH · Im Dorfe 11 · 22946 Brunsbek
Tel. 04107 8517-0 · Fax 04107 8517-12
Besuchen Sie uns im Internet: **www.cadmos.de**
e-mail: info@cadmos.de